François-Xavier Garneau

Histoire du Canada

Tome IX

François-Xavier Garneau

Histoire du Canada

Selon la huitième édition entièrement revue et augmentée par son petit-fils Hector Garneau

IX

Les troubles de 1837
L'union des deux Canadas
Conclusion

Cette numérisation reprend la huitième édition,
en neuf volumes, publiée en 1944,
par les Éditions de l'Arbre, à Montréal.

Livre seizième

(suite)

Chapitre II

Les troubles de 1837
1835-1837

Les quatre-vingt-douze résolutions et l'ajournement prématuré des Chambres ne laissèrent plus de doute sur la gravité de la situation. La solution de toutes les questions était déférée à l'Angleterre. Quoiqu'il régnât beaucoup d'incertitude sur ce qu'elle allait faire, des nouvelles se répandaient quelquefois qui entretenaient les espérances des libéraux. Ainsi les gazettes publièrent cette lettre de lord Goderich au gouverneur de Terreneuve touchant la formation des Conseils législatifs : « On ne peut nier que dans l'ordre pratique l'existence de ces Conseils ne soit accompagnée de difficultés sérieuses. Ils ont mis trop souvent en lutte les branches de la législature ; ils ont ôté aux gouverneurs le sentiment de leur propre responsabilité, et privé les Assemblées de leurs membres les plus utiles ; tout cela sans compensation. Ils n'ont point, dans les colonies, la haute position et l'influence qu'a la Chambre des lords en Angleterre, parce qu'ils n'ont ni la richesse, ni l'indépendance, ni l'antiquité qui font respecter la pairie anglaise. Eu égard à ces diverses circonstances et à l'histoire des colonies de l'Amérique, je verrais avec plaisir se fondre les deux Chambres en une seule, réunissant dans son sein les représentants du peuple et ceux de la Couronne » (27 juillet 1832). Ces dernières paroles semblaient annoncer à la fois l'abolition du Conseil législatif et l'introduction de la responsabilité ministérielle.

Vers ce temps-là, une partie des habitants des cantons de l'Est s'assemblèrent à Stanstead et approuvèrent les résolutions de la Chambre. Presque tous les comtés, presque toutes les paroisses les imitèrent. Les journaux étaient remplis des récits de ces démonstrations populaires, qui encourageaient les députés à maintenir leur attitude. Des délégués de comtés, réunis à Montréal (4 septembre 1834), organisèrent un comité central et permanent, chargé d'éclairer l'opinion et de donner le premier exemple des mesures à prendre suivant les circonstances. [Des comités se formèrent en même temps à Québec et rédigèrent des vœux dans le même sens.] Le parti anglais faisait alors courir le bruit que les ministres avaient résolu d'unir les deux Canadas. L'agitation était presque aussi vive dans le Haut-Canada que dans le Bas, et le parti libéral de la province supérieure paraissait vouloir agir avec nous. [À dire le vrai, le Haut-Canada, la Nouvelle-Écosse, le Nouveau-Brunswick, l'Île-du-Prince-Edouard et jusqu'à Terreneuve, avaient de même leurs griefs et luttaient dès longtemps contre l'arbitraire et l'oligarchie. Lord Durham, dans son fameux rapport de 1839, n'a pas manqué de les signaler].

Mais c'était à Londres que devaient se décider nos destinées. John-Arthur Roebuck proposa à la Chambre des communes, appuyé par Daniel O'Connell, le 15 avril 1834, la nomination d'un comité chargé d'indiquer les moyens de corriger les imperfections des gouvernements du Canada.

Joseph Hume et O'Connell prirent la parole en faveur des Canadiens. Le ministre des colonies, Stanley, défendit sa politique. Roebuck avait plaidé, en même temps que la cause du Bas-Canada, celle des mécontents du Haut, dont William-Lyon Mackenzie était l'agent à Londres. Stanley répondit que le Haut-Canada ne se plaignait pas de sa constitution, et que le peuple du Bas serait content de la sienne, qui protégeait sa langue, ses usages et ses lois, si des factions ne l'avaient point décriée dans son esprit. Il fallait se garder de toucher au Conseil législatif dans cette dernière province : en le rendant électif on détruirait entièrement l'influence du gouvernement, et l'on sacrifierait les droits de la minorité anglaise, pour la sûreté de laquelle il avait été plus particulièrement établi. « Il est vrai, dit encore le ministre, que sur deux cent quatre fonctionnaires, quarante-sept seulement sont Canadiens français ; mais je ne doute pas que l'union des deux Canadas, qui donnerait aux populations anglaises la supériorité du nombre, n'ait lieu bientôt, quoique je ne songe pas, pour le moment, à cette mesure, la seule propre peut-être à assurer l'empire des principes anglais et à réduire la législature rebelle de Québec. » Il demanda ensuite, par voie d'amendement à la motion de Roebuck, la formation d'un comité spécial chargé de s'assurer jusqu'à quel point les recommandations du comité de 1828 avaient été suivies ; ce qui fut agréé par la Chambre.

Ce comité porta ses investigations plus loin que celui de 1828, malgré les efforts de Stanley. La correspondance entre le Bureau des colonies et les gouverneurs du Canada lui fut soumise. Il trouva dans les dernières dépêches de lord Aylmer des épithètes blessantes pour les chefs du parti canadien, et que M. Baring voulut faire retrancher. Le comité interrogea sir James Kempt, Denis-Benjamin Viger, Augustin-Norbert Morin, Ellice, James Stuart. Sir James Kempt répondit que le seul moyen, suivant lui, de faire cesser les dissensions, était d'assurer le paiement des fonctionnaires par une loi du Parlement impérial ; quant au Conseil exécutif, il s'était dispensé de ses services lorsqu'il était gouverneur du Canada. Stuart fut d'avis qu'il fallait soit réorganiser la Chambre d'assemblée de manière à former une majorité anglaise, soit unir ensemble les deux Canadas et donner au Conseil exécutif le pouvoir de se renouveler lui-même et de renouveler le Conseil législatif.

Sur ces entrefaites, une partie du ministère Melbourne démissionna à l'occasion des affaires d'Irlande. Stanley fut remplacé au ministère des colonies par Spring Rice. Ce changement, accueilli d'abord avec joie en Canada, où Stanley avait perdu par sa conduite récente la popularité que lui valurent ses discours de 1822, n'influa guère sur nos destinées. Le rapport que présenta le comité des Communes (3 juillet 1834) ne concluait à rien ; il laissait les choses dans l'état où elles étaient. Il était très court et rédigé à dessein en style ambigu, pour ne mécontenter trop aucun parti.

En Canada, des comités politiques s'étaient établis dans tous les districts. Ils avaient déjà envoyé à Londres des pétitions portant plus de soixante mille signatures ; ils correspondaient avec nos agents en Angleterre et dressaient résolutions sur résolutions pour exciter ici le peuple à prendre une attitude capable d'imposer. Le comité de Montréal reçut une lettre de Roebuck, qui l'informait qu'il n'avait eu aucune espérance tant que Stanley tenait le portefeuille des colonies ; mais que Spring Rice lui semblait plus traitable et qu'il attendait de lui de meilleures mesures. Ce ministre avait laissé là le projet de loi de son prédécesseur concernant la liste civile, et il était juste de lui donner un peu de temps. « Il vaut mieux, j'en conviens, disait Roebuck, combattre que de perdre toute chance de se gouverner soi-même ; mais nous devons assurément épuiser toutes les voies avant de prendre le parti extrême de recourir à la force des armes... La Chambre peut, comme sous l'administration de sir James Kempt, adopter une loi de finance temporaire, sans préjudice d'aucun de ses droits, en déclarant qu'elle donne son suffrage par esprit de conciliation, et pour fournir au nouveau ministre l'occasion de redresser les griefs de son propre mouvement. » Il conseilla ensuite de ne point reculer d'un pas et de réveiller le peuple, qui ne serait bien gouverné que quand il se gouvernerait lui-même et se serait défait du Conseil législatif. La suite des événements fera voir si tous ces conseils étaient sages. [Il est bon de rappeler à ce propos que La Fontaine, qui préconisait alors, avec la majorité des Canadiens, la réforme du Conseil législatif, écrira trois ans plus tard de Paris, (15 mars 1838) : « ... nous avons suggéré, comme remède efficace, l'application du principe électif comme étant un moyen sûr pour tous les partis, selon l'aveu même de M. John Neilson. Mais nous n'avons jamais entendu faire, de la concession immédiate de cette demande, une condition *sine qua non* à la marche des affaires. »]

Le 4 août (1834), il y eut quelque débat aux Communes sur une requête présentée par Hume à l'appui des quatre-vingt-douze résolutions. Rice censura une lettre de Hume publiée dans les journaux, où celui-ci engageait les Canadiens à résister à la funeste domination du gouvernement anglais. « Il ne convient point, dit-il, à un homme qui parle sans danger dans l'enceinte des Communes, de donner des conseils qui peuvent causer tant de mal à l'Angleterre et au Canada. Si l'on a recours aux armes, j'espère que les lois puniront tous ceux qui auront pris part à la conspiration. »

Les élections générales se firent dans le Bas-Canada durant l'automne (octobre-novembre 1834). Il y eut des troubles à Montréal et ailleurs : à Montréal, l'élection fut discontinuée pour cause de violences ; à Sorel, un homme fut tué d'un coup de fusil. Les Anglais, joints à quelques Canadiens, avec John Neilson et William Walker à leur tête, avaient alors créé à Québec, à Montréal, aux Trois-Rivières, des « Associations constitutionnelles » par opposition aux partisans de la majorité de la Chambre. Ces assemblées signèrent des pétitions au roi semblables à celles que les marchands avaient déjà remises à lord Aylmer, et elles chargèrent Neilson et Walker d'aller les porter à Londres. Bien des Anglais cependant partageaient les sentiments des Canadiens, et il y en eut sept ou huit d'élus par l'influence de ceux-ci. Les cantons de l'Est, peuplés d'Anglais, se prononçaient pour les réformes. Sur leur invitation, Papineau, accompagné de plusieurs députés, se rendit à

Stanstead, où il fut reçu avec toute sorte d'honneurs par les comités fondés dans cette partie du pays. Des centaines de personnes lui firent visite le jour de son arrivée, et le *Vindicator* de Montréal, annonça qu'on avait remarqué la présence entre autres, de plusieurs Américains des États du New-Hampshire et de Vermont, notamment le général Fletcher. Le soir, on lui donna un banquet de deux cents couverts.

Ces manifestations populaires, les discours des députés dans les assemblées qui avaient lieu partout, les articles des journaux, tout annonçait un redoublement de violence et de passion. Papineau avait recommandé dans son adresse aux électeurs de ne point consommer de produits anglais, de se vêtir d'étoffes fabriquées au pays et de ne faire usage que de boissons canadiennes, pour encourager l'industrie locale et dessécher la source du revenu public, que le gouvernement n'employait plus qu'à son gré. Comme les banques appartenaient aux adversaires de la Chambre, il conseilla aux habitants d'exiger le paiement des billets en espèces. Il fut même question d'établir une banque nationale.

À Toronto, il se forma une association politique qui se mit en rapport avec les comités permanents du Bas-Canada, afin de donner plus de poids à ses paroles et à ses résolutions. Peu après, l'on apprit la démission du ministère à Londres et l'avènement des tories au pouvoir (décembre 1834). Sir Robert Peel était placé à la tête des affaires, et lord Aberdeen au ministère des colonies. Ces ministères eurent à s'occuper des nouvelles adresses des deux partis français et anglais. Mais ils ne purent transmettre leurs instructions à lord Aylmer avant l'ouverture du parlement canadien.

Lorsque la Chambre d'assemblée se réunit, le 21 février 1835, elle commença par ordonner que le discours prononcé par le gouverneur en ajournant la dernière session, serait biffé du procès-verbal. [Il est certain qu'Aylmer trouvait la nouvelle Chambre encore plus hostile que la précédente. Papineau fut de nouveau réélu président de la Chambre d'assemblée par un vote presque unanime. Le gouverneur cependant, tout en confirmant son élection, blâmait fort le caractère séditieux, selon lui, des discours du tribun canadien-français. (Aylmer to the Colonial Secretary, Feb. 23, 1835)].

Sur la proposition de Augustin-Norbert Morin, la Chambre se constitua ensuite en comité général pour continuer l'examen de la situation de la province. Gugy, en parlant contre cette motion, avait dit qu'il préférait une administration composée d'hommes nés dans le pays à toute autre. « Pour moi, lui répondit Papineau, ce que je désire, c'est un gouvernement composé d'amis des lois, de la liberté, de la justice, d'hommes qui protègent indistinctement tous les citoyens, qui leur accordent, tous les mêmes privilèges. J'aime, j'estime les hommes sans distinction d'origine ; mais je hais ceux qui, descendants altiers des conquérants, viennent dans notre pays nous contester nos droits politiques et religieux. S'ils ne peuvent s'amalgamer avec nous, qu'ils demeurent dans leur île ! Il n'y a pas de différence d'eux à nous, et nous sommes tous ici sur le pied d'une égalité complète... Ceux qui réclament des privilèges exclusifs, tout en les réprouvant sans doute au fond de leur cœur, seraient eux-mêmes les victimes de cette injustice. En supposant qu'ils fissent du Canada une nouvelle Acadie, qu'ils pussent expatrier toute la population française, la division serait bientôt parmi eux. S'ils parvenaient à former des *bourgs pourris,* cette représentation corrompue les opprimerait. Il est dans la nature du cœur humain de détester les privilèges exclusifs ; mais trop souvent la haine, la passion, l'esprit de parti les aveuglent... On nous dit : Soyons frères ! Oui, soyons-le. Mais vous voulez tout avoir, le pouvoir, les places et l'or. C'est cette injustice que nous ne pouvons souffrir. Nous demandons des institutions politiques qui conviennent à notre état de société. »

Le gouverneur n'avait rien de très important à communiquer sur les affaires canadiennes. La Chambre siégea deux fois par jour pour finir la session au plus tôt. Les débats furent la répétition de ce qui avait déjà été dit tant de fois. L'Assemblée nomma John-Arthur Roebuck son agent en Angleterre, et vota, après de longues discussions, une adresse en réponse au discours du trône. Cette adresse amena une nouvelle division entre les membres de la majorité. Plusieurs voulaient reprendre les questions mais s'abstenir avec soin de tout ce qui pourrait donner à lord Aylmer le plus léger sujet d'interrompre les travaux législatifs. Elzéar Bédard, qui ne suivait la majorité qu'à contrecœur, osa dire enfin que l'adresse contenait un refus péremptoire de tout ce que le gouverneur demandait, et qu'il ne pouvait l'appuyer. « Et peut-on oublier, répliqua aussitôt Papineau, qu'en Angleterre c'est la même plume qui prépare et le discours du prince et la réponse ? Les circonstances exigent que nous nous écartions des formes ordinaires, et que nous exprimions hautement ce que nous sentons. C'est faire injure à l'Angleterre que de dire qu'elle pourrait dicter un acte de coercition, et envoyer dix régiments pour nous soumettre à ses volontés. S'il en était ainsi, nous devrions songer au plus tôt à nous délivrer d'un gouvernement si tyrannique. S'il y a lieu de craindre une lutte, on peut dire que le danger existe à cette heure ; nous avons déjà été bien plus loin que ne va cette adresse. » Pendant ce temps, Elzéar Bédard était en train de former un nouveau groupe politique qui eut pour organe *le Canadien ;* ce journal désormais allait prendre parti contre Papineau].

Bédard proposa divers amendements, qui furent soutenus par un tiers de la Chambre. Cette scission dans la majorité devait s'agrandir de jour en jour. Elle fut regardée, dès le premier instant, par les hommes extrêmes comme une défection. Le rédacteur du *Canadien,* Étienne Parent, qui était l'ami intime des membres de la nouvelle minorité, chercha à les justifier. Il rapporta leur vote aux besoins du district de Québec, auquel la suspension des travaux législatifs pouvait causer un fort préjudice dans un moment où la gêne commerciale était excessive. Les dépêches de lord Aberdeen, et le refus de lord Aylmer d'avancer l'argent nécessaire aux dépenses de la Chambre, avant qu'elle eût approuvé les paiements qu'il avait déjà ordonnés lui-même, précipitèrent la prorogation du parlement (18 mars 1835).

Lord Aberdeen ne jugeait pas encore le moment venu de prendre les mesures qu'on demandait pour assurer l'indépendance des deux Conseils. Il refusait de sanctionner le bill concernant l'instruction publique, parce qu'il statuait que toute institution provinciale en possession, à l'époque où il deviendrait loi, de biens destinés à l'éducation, serait considérée comme légalement constituée et autorisée ; que cette disposition impliquait la reconnaissance de toutes les communautés enseignantes catholiques, et en particulier des Sulpiciens ; et qu'elle aurait peut-être aussi pour conséquence de leur donner des privilèges civils exclusifs, au détriment de la minorité protestante. « Vigilante comme cette minorité devait l'être avec tant de raison pour prévenir la moindre atteinte à la liberté religieuse, elle pouvait bien soupçonner et se plaindre que cette législation rétrograde conférait des avantages indus à la majorité catholique. Elle pouvait croire aussi que la langue française et les institutions religieuses sous le contrôle du clergé catholique avaient été les objets d'une attention toute spéciale » (Lettre d'Aberdeen à Aylmer, 11 février 1835).

Toutes ces raisons du ministre parurent des

subterfuges. Il ne voulait pas que les catholiques eussent les mêmes avantages que les protestants ; mais comme la déclaration franche d'une intention aussi injuste eût été trop odieuse, il émettait des suppositions pour en induire que l'usage de la liberté par les uns amènerait nécessairement l'esclavage pour les autres. La question religieuse ainsi traitée fit penser à la situation des catholiques. Les journaux publièrent les instructions de sir George Prevost (1814), où l'on avançait les prétentions que nous avons rapportées ailleurs touchant la suprématie et la juridiction ecclésiastiques de l'Angleterre sur le Canada. Elles portaient que dans les villages où les catholiques étaient en minorité, il y aurait un prédicant protestant, qui percevrait les dîmes ; que les catholiques ne s'y serviraient du temple saint qu'après les protestants ; que les prêtres pourraient contracter mariage ; que les ministres protestants remplaceraient graduellement les missionnaires catholiques chez les sauvages, etc. Ce fut sans doute l'esprit de ces instructions qui inspira lord Aberdeen quand il rejeta la loi dont nous venons de parler.

La politique du ministre anglais était de dissimuler cet esprit dans le Parlement impérial, où des débats surgirent quand fut déposée une nouvelle pétition signée des membres de l'Assemblée et de la minorité du Conseil législatif du Bas-Canada. La veille, on avait distribué aux députés des Communes une brochure, d'un ami des Canadiens, exposant avec force tous les vices du gouvernement colonial et toutes les réformes demandées par le peuple. L'auteur entrait dans le détail des abus imputés au système judiciaire, et surtout des abus du Conseil exécutif, à la tête duquel étaient placés des militaires incapables de gouverner un peuple libre ; il parlait longuement de la mauvaise administration des terres de la Couronne, de la multiplicité des emplois dans les mêmes familles, du déficit de l'ancien receveur-général Caldwell, et du défaut de contrôle, qui était général. En terminant, il appuyait sur la nécessité de rappeler lord Aylmer. Vers le même temps parut, dans la revue intitulée *Tait's Edinburgh Magazine,* un article écrit dans le même sens, et qu'on attribua à M. Chapman.

Roebuck répéta dans les Communes ses remarques ordinaires sur les abus de l'administration canadienne. Spring Rice déclara qu'avant la retraite du dernier ministère, il avait rédigé une dépêche où il exposait les vues du gouvernement ; mais cette retraite avait empêché qu'elle ne fût transmise. Il n'avait pas confirmé la nomination de Gale à l'office de juge dans le district de Montréal, parce que celui-ci s'était trop compromis par ses agissements d'homme de parti ; et comme le juge Kerr avait perdu sa place de juge de l'amirauté pour des malversations, il n'avait pas cru non plus convenable de lui laisser celle de juge de la Cour du banc du roi. Stanley prétendit qu'on n'avait pu réussir à établir une seule plainte, un seul grief articulé dans les quatre-vingt-douze résolutions, et que le ministère avait obtenu du comité un acquittement qui était un véritable triomphe. Sir Robert Peel annonça qu'il avait chargé lord Aylmer d'informer le Bas-Canada qu'on allait envoyer un nouveau gouverneur, revêtu du titre de commissaire royal pour examiner impartialement l'état des choses et en rendre compte. Ce commissaire déclarerait par avance qu'il ne serait fait aucune innovation dans l'organisation du gouvernement, et que, si les plaintes de la province n'étaient pas fondées, on prendrait les moyens de mettre fin à l'agitation. À l'égard des menaces d'insurrection, le commissaire dirait aux mécontents : « Nous voulons vous rendre justice : prenez garde que vos menaces ne tournent à votre désavantage. » D'ailleurs l'Angleterre était en bons termes avec les États-Unis ; s'ils avaient quelque idée d'intervenir, ils ne prendraient pas assurément Roebuck pour leur organe dans cette Chambre.

Le discours du ministre, malgré sa modération apparente et la confirmation de la nomination du juge Gale, refusée par Spring Rice, montrèrent quelle conduite on allait tenir. Seulement on voulait employer cet art, ces manières bienveillantes, usités dans la diplomatie et presque inconnus jusque-là dans la politique coloniale, pour faire pénétrer dans les cœurs des sentiments plus favorables aux réformes qu'on jugerait utile d'adopter plus tard.

Dès le 11 février 1835, lord Aberdeen avait écrit à lord Aylmer qu'il approuvait sa conduite ; mais que l'exaspération des esprits dans la Chambre d'assemblée lui ôtait tout espoir d'employer avec succès les paroles de conciliation et de paix ; et qu'il devenait nécessaire de le remplacer par une personne étrangère à ce qui s'était passé dans la colonie et possédant toute la confiance du roi. [De son côté, Aylmer avait déjà suggéré au ministre de nommer une commission d'enquête qui se rendrait au Canada pour faire un examen complet de l'état des affaires dans la colonie. (Aylmer to Spring Rice, October 8, 1834)].

Aylmer envoya à lord Aberdeen une longue dépêche pour repousser les accusations portées contre lui dans les quatre-vingt-douze résolutions. Il disait que sur cent quarante-deux personnes qu'il avait nommées à des fonctions publiques salariées, quatre-vingts étaient d'origine française ; que toutes les places dans l'Église catholique, comme les cures, dont les appointements excédaient vingt-cinq mille livres sterling, étaient entre les mains des Canadiens français ; qu'il en était de même des emplois de maîtres d'écoles de campagne, dont les salaires et les allocations s'élevaient à dix-huit mille livres. Mais la partialité avait été si grande avant lui, et l'abus était encore si enraciné, que s'il était vrai qu'il eût donné quatre-vingts places aux Canadiens, qui formaient les trois quarts de la population, il en avait aussi accordé soixante-deux aux Anglais, qui faisaient l'autre quart, et que les traitements et les émoluments attachés à ces soixante-deux offices excédaient de beaucoup ceux des quatre-vingts. Par contre d'après la liste civile déposée en 1834 et d'après d'autres documents, les fonctionnaires recevaient soixante et onze mille cinq cent livres sterling distribuées ainsi : aux Anglais cinquante-huit mille, aux Canadiens français treize mille cinq cents. Ceux-ci étaient exclus des départements de l'exécutif, et, en outre, du bureau des terres, des douanes et des postes ; dans l'administration de la justice, qui coûtait trente-six mille livres, vingt-huit mille étaient partagées entre les Anglais et huit mille seulement entre les Canadiens.

Les discussions que le Canada soulevait au

Parlement impérial avaient des échos au dehors. Les grands journaux de Londres, tels que le *Times,* le *Chronicle,* le *Herald,* condamnaient les Canadiens français. À la vérité l'*Advertiser,* le *Globe,* prenaient leur défense ; mais il était bien évident que la plupart des membres des Communes et la grande majorité de la nation anglaise n'avaient aucune sympathie pour eux.

Le bruit courut d'abord que lord Canterbury (Charles Sutton Manners, ancien président des Communes), serait le commissaire royal, sa réputation avait fait concevoir des espérances ; mais il refusa la charge. On parla ensuite de lord Amherst, qui avait été ambassadeur en Chine et vice-roi d'Irlande ; lord Aberdeen annonça même sa nomination à lord Aylmer. C'est alors que, le ministère de sir Robert Peel ayant été remplacé par le ministère de lord Melbourne, chef des Whigs, (avril 1835), le choix des nouveaux ministres tomba sur lord Gosford, Irlandais protestant, qui avait acquis quelque renom dans sa patrie par son opposition aux orangistes. On vantait sa fermeté et ses principes libéraux. Deux personnages à peu près inconnus lui furent adjoints, sir Charles Grey, tory de la vieille école, et sir George Gipps. Lord Gosford fut nommé en même temps gouverneur général. Ses instructions sont des 1er et 7 juillet 1835.

Le 12 juin (1835) les affaires du Canada furent encore discutées dans la Chambre des lords. L'un d'eux déclara qu'il ne concevait pas quel intérêt l'Angleterre avait à refuser d'amples concessions. On ne devait pas traiter les législatures coloniales comme des assemblées d'enfants, et les assujettir aux ordres plus ou moins judicieux de la métropole, mal éclairée sur l'état des choses. Toute commission que l'on enverrait à Québec serait inutile et pis qu'inutile, si elle n'avait pas le pouvoir de couper elle-même les abus, et de décider sur-le-champ toutes les questions importantes. Le ministre des colonies, lord Glenelg, répliqua qu'il s'était cru obligé de modifier les instructions préparées par son prédécesseur, et d'envoyer trois commissaires, au lieu d'un seul, en Canada.

Les nouvelles instructions portaient que le Conseil législatif ne pouvait être changé, et ordonnaient à la commission de refuser formellement toute proposition de la Chambre d'assemblée de renvoyer cette question à une convention du peuple. La Couronne n'abandonnerait pas son revenu provincial, à moins d'une liste civile suffisante pour les dépenses de l'État. L'administration des terres de la Couronne resterait aux mains du Conseil exécutif. Le procès de tout juge mis en accusation s'instruirait devant le Conseil législatif, ou devant le roi assisté du comité judiciaire du Conseil privé. Les commissaires étaient chargés de faire une enquête sur la tenure des terres, sur les biens du séminaire de Saint-Sulpice, sur l'éducation, sur le partage des droits de douane. Comme ils allaient au Canada pour remplir une mission de conciliation et d'apaisement, il leur fallait éviter, dans la recherche de la vérité, de paraître user d'un pouvoir inusité et arbitraire ; ils recevraient les plaintes des divers partis avec les mêmes égards et la même attention. Ils devaient observer les actes des assemblées publiques, étudier les relations sociales ordinaires, examiner les écrits politiques de la presse, se renseigner sur tout et garder le plus grand secret sur leurs conclusions.

La commission parvint à Québec le 23 août (1835). [Peu après, le secrétaire de la commission d'enquête, Frederick Elliott, racontait ses impressions en écrivant à un ami de Londres. Elles ne laissaient pas d'être plutôt favorables aux demandes de la Chambre d'assemblée et sympathiques à l'endroit des Canadiens français. Dans sa lettre du 24 octobre, notamment, il s'exprimait en ces termes : « Si la sécession était à redouter, je m'attendrais à ce que le parti qui fait grand bruit des lois anglaises et du lien britannique, fût de beaucoup le plus enclin à se révolter. » (Rapport sur les Archives canadiennes, 1883).]

Le Conseil municipal de Québec, qui n'avait pas voulu rendre ses hommages le premier jour de l'an 1834 à lord Aylmer, et que celui-ci avait à son tour refusé de recevoir l'année suivante, présenta une adresse de bienvenue aux commissaires. Lord Gosford tint une réception chez lui quelques jours après, et se montra très gracieux. Chacun, toutefois, était sur ses gardes. Des membres libéraux du Conseil législatif et de la Chambre d'assemblée se réunirent au début de septembre aux Trois-Rivières, pour s'entendre sur l'attitude à prendre devant la commission. Les représentants du district de Québec ne jugèrent pas à propos d'être présents : la division entre ce district et ceux des Trois-Rivières et de Montréal s'accentuait de jour en jour. Gosford chercha par tous les moyens à gagner la bienveillance des Canadiens. Il invita Papineau et Denis-Benjamin Viger à dîner ; il visita les classes du séminaire de Québec ; il donna un grand bal le jour de la Sainte-Catherine, qui est une occasion de fête dans cette province, et laissa tout le monde enchanté de sa politesse. Ses prévenances pour Mme Bédard attirèrent tous les yeux et prouvèrent avec quel zèle il remplissait le rôle dont l'Angleterre l'avait chargé. Il fit dresser une nouvelle liste de juges de paix et y ajouta beaucoup de Canadiens (1er septembre 1836). Enfin la place du juge Kerr parut destinée à Elzéar Bédard, celui-là même qui avait proposé les quatre-vingt-douze résolutions. Ces faits, ces bruits portés, grossis de bouche en bouche, ranimaient les espérances. Le 27 octobre (1835) s'ouvrit la législature. L'association constitutionnelle de Québec avait lu la veille une adresse au gouverneur, pour le prier de ne pas avancer d'argent à l'Assemblée sans le consentement des autres branches du pouvoir.

Gosford adressa un très long discours aux Chambres. Après avoir parlé des griefs de tout le monde, il déclara que la commission ferait son rapport à Londres sur les principales questions, et que, du reste, les Canadiens pouvaient être assurés qu'on ne toucherait point à leurs institutions sociales. C'était annoncer un nouvel ajournement. Mais comme il avait appuyé sur plusieurs réformes de détail, et que son discours, préparé avec soin, respirait la modération et la justice, on osa espérer encore. « Considérez, avait-il dit aux Canadiens français et aux Anglais, considérez le bonheur dont vous pourriez jouir sans vos dissensions. Sortis des deux premières nations du monde, vous possédez un vaste et beau pays ; vous avez un sol fertile, un climat salubre et le plus beau fleuve de la terre, qui porte jusqu'à votre ville la plus éloignée les navires de la mer. »

La réponse au discours du trône provoqua quelque débat, sur un amendement de Clapham ; ce député voulait qu'on reconnût la commission d'enquête mais la Chambre s'y refusa. Lord Gosford, fidèle au système qu'on lui avait tracé, de chercher à gagner la bienveillance des Canadiens, répondit à la Chambre d'abord en français, puis en anglais. La *Gazette* de Montréal se trouva offensée de cette courtoisie et de la hardiesse qu'avait eue un gouverneur anglais de parler la langue du vaincu. C'était une concession coupable, le premier pas de la dégradation de la métropole, qui avait eu la faiblesse de ne pas proscrire la langue française dès le principe.

L'association constitutionnelle de Montréal demanda à être entendue par les commissaires, et fut informée que l'esprit de la constitution ne serait pas changé, et que les intérêts du commerce recevraient toute protection. Elle voulut établir des comités de quartier dans la ville, en cas que l'union et la force devinssent nécessaires. Elle forma un corps de carabiniers de huit cents hommes, au cri de *God save the King !* Elle voulut faire sanctionner cette organisation par le gouverneur, qui s'y refusa, et qui en ordonna quelque temps après la dissolution. Les orangistes cherchèrent aussi à lever la tête. Dès 1827, sir Harcourt Lees, leur chef en Irlande, les avait encouragés à s'organiser dans les colonies. Le district de Gore, dans le Haut-Canada, fit offrir son appui à lord Gosford contre leurs tentatives séditieuses. Dans le Bas-Canada, on n'estimait le parti orangiste qu'en raison de son influence à Londres.

Cependant la Chambre continuait ses travaux. Elle appela encore les sévérités du gouvernement sur deux juges, Thompson, de Gaspé, et Fletcher, contre lequel on portait des plaintes depuis trois ou quatre ans. Un troisième, le juge Bowen, de Québec, fut accusé devant elle par un étudiant en droit, Adolphus Hart. Le comité chargé de cette dernière affaire fit un rapport défavorable à l'accusé, mais trop tard pour permettre à la Chambre de demander sa destitution. Deux membres du Conseil législatif, Felton, commissaire des terres de la Couronne, et Louis Gugy, shérif de Montréal, furent trouvés coupables de malversations et perdirent leurs charges. Des adresses au gouverneur furent votées contre plusieurs autres fonctionnaires, tels que Whitcher, shérif du district de Saint-François ; J.-M. Mondelet, coroner de Montréal ; Chisholm, greffier de la justice de paix des Trois-Rivières, etc. Quelques-uns d'entre eux furent aussi révoqués.

La Chambre protesta fortement contre un projet d'annexion du district de Gaspé au Nouveau-Brunswick ; elle réclama contre l'accumulation sur la même tête d'emplois divers, souvent incompatibles, et surtout contre le paiement des officiers publics dont le traitement n'aurait pas été voté par elle. O'Callaghan soumit un rapport sur les délibérations du Parlement impérial touchant les quatre-vingt-douze résolutions ; il y exposait toutes les contradictions et toutes les erreurs des ministres sur la question des finances depuis 1828. Quelques jours après, la Chambre reçut du Haut-Canada, par les mains de Papineau, une partie des instructions de lord Glenelg, à la commission d'enquête que le lieutenant-gouverneur, sir Francis Bond Head, avait eu la maladresse de communiquer aux députés de cette province. « Comme l'avait prévu Lyon Mackenzie, dit *le Canadien,* la communication de ces instructions a produit un vif regret et un désappointement général. Décidément ces instructions décèlent chez les ministres des dispositions et des vues peu propres à inspirer de la confiance dans la libéralité de leur politique à notre égard. Lord Glenelg fait le réformiste à Londres et le conservateur à Québec. Ces instructions renferment aussi, comme le discours du trône, cette mortifiante comparaison de la faction oligarchique avec la masse de la population ; elles en parlent comme ayant toutes deux le même poids, un droit égal à la considération auprès des autorités impériales. C'est là sans doute le résultat de l'éducation et des habitudes aristocratiques du vieux monde ; on croit que la faction oligarchique est ici ce que le corps aristocratique est en Angleterre. Cette erreur, cette prévention, si elle ne disparaît et ne fait place à des idées plus conformes à l'état de notre société, fera perdre bientôt à la Couronne britannique un de ses plus beaux joyaux. Ce n'est qu'avec des idées et des principes d'égalité que l'on peut aujourd'hui gouverner en Amérique. Si les hommes d'État de l'Angleterre ne veulent pas l'apprendre par des représentations respectueuses, ils l'apprendront avant longtemps d'une façon moins courtoise ; car les choses vont vite dans le Nouveau Monde. » Tel était le langage de la presse qui tendait à abandonner le parti de Papineau ou de Montréal pour soutenir celui de Québec, et à agréer les propositions de lord Gosford. On conçoit quel fut le ton du parti extrême.

Un appel nominal fut ordonné sur-le-champ dans l'Assemblée. Le parti de Québec voulut s'opposer à la réception des instructions des commissaires ; ce qui était inutile, puisque l'essentiel des dépêches était connu. Loin de vouloir combattre sur des questions de forme, cette nouvelle opposition devait plutôt déclarer ouvertement ses principes. Si les réformes que l'on demandait n'étaient pas accordées, fallait-il se les faire donner de vive force, en recourant à l'insurrection ou fallait-il négocier ? Les Canadiens auraient comparé leurs forces avec celles de l'Angleterre et pesé les chances de succès. Car, quant à la justice de leur cause, ils avaient infiniment plus de droit de renverser leur gouvernement que n'en avaient eu l'Angleterre elle-même en 1688, et les États-Unis en 1775, parce que c'était contre leur nationalité, cette propriété la plus sacrée d'un peuple, que le bureau colonial dirigeait ses coups.

Malheureusement, Elzéar Bédard, chef du parti de Québec, comme nous désignerons désormais cette nouvelle opposition, allait recevoir une place de juge (1836) de lord Gosford, lequel laissait entrevoir d'autres faveurs aux Canadiens. Ce qui aurait été accepté en d'autres temps avec reconnaissance fut regardé, dans l'agitation où étaient alors les esprits, comme un acte de corruption ; d'autant plus que la nomination de Bédard fut suivie presque aussitôt du refus du gouverneur de destituer le juge Gale, que la Chambre voulait faire casser. Le Conseil législatif continuait de rejeter presque tous les projets de loi que lui envoyait l'Assemblée : on en conclut que le gouverneur la trompait et que le Conseil lui servait d'instrument. Sur cent six bills passés à l'Assemblée pendant la session, soixante et un furent ainsi étouffés ou mutilés, et c'étaient les principaux. En voyant ce résultat, les hommes qui connaissaient la dépendance du Conseil étaient convaincus que le gouverneur excitait par des moyens détournés et secrets une Chambre contre l'autre. La dernière lutte eut lieu sur les subsides. Les débats durèrent deux jours. La plupart des députés prirent la parole. Augustin-Norbert Morin proposa d'accorder des subsides pour six mois ; Vanfelson proposa en amendement d'étendre la période à douze mois avec les arrérages. Papineau, La Fontaine, Taschereau, Drolet, Rodier, Berthelot parlèrent contre l'amendement ; Power, Caron, de Bleury l'appuyèrent.

C'était à Papineau de défendre la position que le parti populaire avait prise dans les quatre-vingt-douze résolutions. Il en était le véritable auteur, il y avait résumé l'esprit et les doctrines de l'opposition canadienne depuis plusieurs années. Le sort de ses compatriotes y était attaché. Orateur énergique et persévérant, Papineau n'avait jamais dévié au cours de sa longue carrière politique. Il était doué d'un physique imposant, d'une voix forte et pénétrante, et de cette éloquence mâle et animée qui remue les masses. À l'époque où nous sommes arrivé, il était à l'apogée de sa puissance.

« Nous sommes à chercher, dit-il, s'il y a dans la situation politique du pays des circonstances nouvelles, qui puissent justifier la conduite de ceux qui semblent déserter la cause de la patrie, et se séparer de cette immense majorité de leurs concitoyens dont les suffrages ont ratifié, à l'urne électorale, le vote des quatre-vingt-douze résolutions. Dans cette grande discussion, il faut considérer les principes par-dessus tout. Nous luttons contre un système colonial, qui, tel qu'il vous est expliqué par lord Glenelg, contient dans son essence les germes de tous les genres de corruption et de désordre ; nous sommes appelés à défendre la cause et les droits des colonies anglaises. Le même génie malfaisant qui jetait malgré elles les anciennes colonies dans les voies d'une juste et glorieuse résistance, préside à nos destinées ! Il a inspiré les instructions de la commission, qui changent nos relations avec le gouvernement, qui détruisent le titre qu'il avait à la confiance des représentants du peuple. Elles renferment un refus formel de faire attention aux plaintes du Haut et du Bas-Canada...

« Pouvait-on imaginer un plan plus défectueux que celui d'envoyer trois commissaires qui ne s'étaient jamais vus, et chacun avec des communications, des correspondances secrètes ? Peut-on voir dans cette combinaison quelque trait de sagesse ? Aussi les résultats ne se sont pas fait attendre. Quelques heures, pour ainsi dire, après leur arrivée, le public était averti qu'ils étaient en désaccord sur tous les points. Pouvait-on espérer qu'il y aurait entre eux unanimité touchant nos difficultés politiques et que la différence connue de leurs opinions sur la politique de leur pays, ne serait pas le prélude d'une semblable diversité de sentiments sur la politique du nôtre ? Aussi les a-t-on vus se jeter dans les sociétés les plus opposées, et la presse anglaise a bientôt retenti d'injures contre celui qu'elle appelait radical, de louanges pour celui qu'elle appelait tory. On nous a promis que de ce mélange naîtraient l'ordre et la justice... Ne nous endormons pas sur le bord d'un précipice, ne nous abandonnons pas à un rêve trompeur ; au lieu de toucher des réalités enchantées, nous roulerions dans un gouffre... »

L'amendement de Vanfelson fut rejeté par quarante voix contre vingt-sept. Huit Anglais, dont quelques-uns des cantons de l'Est, votèrent avec la majorité, et huit avec la minorité. Le Conseil rebuta la liste civile de six mois, et cela amena presque aussitôt la clôture du parlement (21 mars 1836). Lord Gosford, extrêmement blessé du peu de succès de sa mission dit aux Chambres qu'il n'osait point prédire les conséquences du rejet des offres d'accommodement et de paix qu'il avait faites à ce sujet.

Ce dénouement porta l'effervescence des esprits au dernier degré. Une adresse de sept cents électeurs de Québec fut présentée à Papineau vers la fin de la session, pour approuver sa conduite et l'entraîner encore plus loin dans une voie qui menait à l'abîme. Depuis quelque temps, le parti libéral du Haut-Canada avait des communications plus fréquentes avec lui. La majorité de la Chambre de cette province se rallia même un instant au parti de W.-Lyon Mackenzie, ainsi que le Conseil exécutif de sir Francis Bond Head. À Londres, l'activité de Roebuck ne se relâchait point : discours aux Communes, articles dans les journaux et les revues, brochures, il ne perdait pas une occasion de plaider notre cause avec une ardeur qui méritait l'attention des Canadiens. [Au même temps, les Anglais du Bas-Canada poursuivaient leur campagne dans les journaux de la métropole. Ils dénonçaient avec acharnement les chefs du Haut et du Bas-Canada Lyon Mackenzie et Papineau, aussi bien que Roebuck et Hume.]

Cependant les ministres, instruits de l'effet qu'avait eu la communication incomplète des instructions des commissaires, chargèrent lord Gosford, tout en lui recommandant d'agir de concert avec sir Francis Bond Head, de convoquer de nouveau le parlement pour lui faire part des instructions entières. Le gouverneur ouvrit la nouvelle session (22 septembre 1836), mais sans changer en rien l'opinion de la Chambre. Celle-ci déclara qu'elle voyait non sans peine qu'on maintenait la constitution du Conseil législatif et qu'on ne faisait aucune réforme administrative. Après cette réponse peu satisfaisante, la législature fut prorogée (4 octobre).

Vers la fin de 1836, Augustin-Norbert Morin vint se fixer à Québec, sous prétexte d'y pratiquer comme avocat. Aussitôt les partisans de Papineau dans cette ville crurent voir quelque dessein dans cette démarche de son disciple le plus dévoué. Ils se réunirent autour de lui, ils s'organisèrent et se mirent en rapport avec les libéraux de Montréal et des autres parties du pays, pour combattre l'association constitutionnelle anglaise. Cette association priait le roi de conserver dans le même état le Conseil législatif, parce qu'il tenait en échec l'influence de l'Assemblée ; de diviser les comtés de manière à diminuer la représentation canadienne-française ; de rappeler lord Gosford et d'unir les deux Canadas. Le parti anglais sollicitait aussi le Haut-Canada de se déclarer contre les Canadiens français.

La situation de ceux-ci était alors pénible. Après s'être bercés un instant de l'espoir d'avoir de nombreux alliés, ils venaient de les perdre presque tous à la fois. Sir Francis Bond Head était sorti triomphant de la lutte à Toronto. Il avait dissous la dernière Chambre, et avait réussi à faire élire une majorité qui lui était dévouée. Sûr de l'Assemblée nouvelle, il l'avait convoquée aussitôt et avait fait biffer des procès-verbaux de la session précédente les résolutions du Bas-Canada, envoyées dans le temps au président par Papineau. Il avait communiqué ensuite les dépêches du bureau des colonies ; le ministère approuvait sa conduite. La politique de Downing Street était de briser la dangereuse alliance qui s'était établie, entre le Haut et le Bas-Canada ; elle avait bien réussi. Le Nouveau-Brunswick avait aussi accepté les propositions de l'Angleterre, et la Nouvelle-Écosse, qui avait d'abord été plus ferme, venait de révoquer certaines résolutions qu'elle avait adoptées contre l'administration coloniale. De sorte que la commission, qui achevait ses travaux, était autorisée par toutes ces défections à conseiller aux ministres de traiter sans ménagements la seule Chambre qui fût inébranlable. L'un des commissaires, sir Charles Grey, s'embarqua à New-York pour l'Angleterre à la fin de novembre 1836, et sir George Gibbs, avec le secrétaire, Frederick Elliott, partit en février suivant.

Les six rapports de la commission d'enquête furent déposés au Parlement impérial le 2 mars 1837. Les commissaires étaient d'avis que l'on employât les deniers publics du Bas-Canada sans le concours de ses représentants, et qu'on usât de mesures coercitives pour forcer cette Chambre à se soumettre. Ils justifiaient le Conseil législatif d'avoir rejeté les six mois de subsides, et suggéraient de changer la loi électorale de manière à donner plus d'avantages à l'électeur anglais qu'à l'électeur canadien. Il fallait persister dans la demande d'une liste civile de dix-neuf mille livres sterling pour la vie du roi ou pour sept ans au moins ; refuser d'instituer un Conseil électif et un ministère responsable ; maintenir la compagnie des terres et s'opposer à l'union des deux Canadas. Lord Gosford n'approuvait pas toutes ces suggestions ; il pensait qu'il fallait libéraliser les deux Conseils en y faisant entrer une plus forte proportion d'hommes partageant les opinions de l'Assemblée. [Au témoignage de lord Gosford lui-même, les Canadiens se plaignaient avant tout de l'ingérence constante et souvent excessive du gouvernement impérial dans les affaires de ce pays. (Gosford to Glenelg, May 5, 1836)].

Lord John Russell, ministre de l'intérieur, proposa à la Chambre des communes dix résolutions conformes aux suggestions les plus hostiles ; elles suscitèrent des débats qui durèrent trois jours, les 6, 8 et 9 mars 1837. Lord John Russell, lord Howick, Edward Stanley, Robinson, sir George Grey et Gladstone furent les principaux orateurs ministériels, ainsi que Henry Labouchère, qui se trouva cette fois contre la Chambre du Bas-Canada. Leader, O'Connell, Roebuck, sir William Molesworth, le colonel Thompson et Joseph Hume prirent la défense des Canadiens. Il y eut plusieurs scrutins par division ; mais la minorité fut très faible chaque fois. La proposition que fit Leader de rendre le Conseil électif ne rallia que cinquante-six voix sur trois cent dix-huit, et encore cette minorité tomba-t-elle à seize lors du vote final des résolutions.

Lord Russell ne manqua point de tirer parti de la défection des autres provinces. « Aucune de ces colonies, dit-il, à propos des demandes du Bas-Canada, n'avance de semblables prétentions, et tout présage un arrangement satisfaisant avec elles. Un Conseil législatif électif et un Conseil exécutif responsable sont deux choses incompatibles avec les rapports qui doivent exister entre une colonie et la métropole. »

Il était évident que les ministres pourraient entreprendre tout ce qu'ils voudraient contre nous, et qu'ils seraient appuyés par les Communes. Ils avaient fait de la question canadienne une question de races, et s'étaient donnés pour les protecteurs de cette minorité anglaise « qui avait été le fléau de l'Irlande », disait O'Connell. Ils ne faisaient d'ailleurs que suivre une pratique de gouvernement bien connue dans les colonies : contenir la majorité par la minorité. Les débats eurent le même résultat dans la Chambre des lords, lorsque lord Brougham y présenta la pétition de l'Assemblée.

Le Bureau des colonies violait l'un des principes les plus sacrés de la constitution, en ordonnant le paiement des fonctionnaires sans le vote de la législature, et il n'était pas sans inquiétude à cet égard. Aussi Glenelg avait-il écrit à Gosford, les 6 et 11 mars 1837, qu'il espérait qu'il n'y aurait aucune commotion, aucune résistance ; mais que par précaution il lui enverrait deux régiments avec des pièces de campagne. Craignant ensuite que cet envoi de troupes n'eût un mauvais effet, il manda à Gosford de tirer du Nouveau-Brunswick les renforts dont il pourrait avoir besoin. La commission des juges de paix de l'année précédente fut annulée, et il en fut promulgué une nouvelle, qui ne nommait que des hommes en qui le pouvoir avait une parfaite confiance.

Devant la résolution du Parlement impérial, les journaux bas-canadiens dévoués à l'Assemblée recommandèrent l'union, la fermeté et la persévérance. Ils dirent que l'oppression que l'Angleterre voulait imposer ne pouvait être durable en Amérique ; que le gouvernement des États-Unis serait forcé d'intervenir ; qu'en un mot l'avenir était au peuple ; qu'il fallait cesser tout rapport commercial avec la métropole, et ne rien acheter de ce qui payait des droits à la douane, afin d'épuiser le trésor et d'obliger plus vite le gouvernement à écouter nos représentants. Il y eut des assemblées publiques, surtout dans le district de Montréal, pour répandre les nouvelles idées dans les villes et les campagnes.

L'assemblée du comté de Richelieu, qui eut lieu à Saint-Ours (7 mai 1837), réunit douze cents personnes ; elle demanda une convention générale. Les Irlandais de Québec s'assemblèrent le 15 mai ; ils se déclarèrent en faveur de la cause canadienne, et approuvèrent ce qu'avait dit O'Connell de ses compatriotes ligués avec le parti anglais, à savoir, qu'ils voulaient renouveler en Canada les malheurs de l'Irlande. Le journal le *Populaire* parut à Montréal pour calmer les esprits ; le *Libéral* fut fondé à Québec pour les pousser aux mesures extrêmes. [Le *Populaire* était rédigé en français à la fois et en anglais ; il cessa de paraître en 1838. Quant au *Libéral,* il dut suspendre sa publication au bout de cinq mois.] Aussi bien il se produisait un singulier changement chez nombre de personnes. Des tories devenaient tout à coup des hommes du parti le plus avancé, comme si l'attente des troubles eût enflammé leur ambition, tandis que de chauds partisans de la Chambre, ne voyant pas d'issue, se rapprochaient des hommes modérés.

L'excitation devenait sérieuse dans beaucoup de comtés ; elle finit par inquiéter le gouverneur, qui publia une proclamation (15 juin 1837) où il invitait le peuple à se tenir en garde contre les écrits et les discours des agitateurs. Il la fit lire aux milices assemblées. Sans se laisser intimider par cet avertissement, Papineau descendit jusqu'à Kamouraska, en compagnie de Girouard, La Fontaine et Morin ; il prononça des discours à l'Islet et à Saint-Thomas, où Étienne-Pascal Taché, alors partisan ardent, avait monté quelques têtes parmi les cultivateurs. À Missisquoi, à l'Assomption, à Lachenaie, à

Deschambault, à l'Acadie, on protesta contre les mesures de la métropole, et le *Daily Express* de New-York publia une correspondance canadienne où l'on parlait d'un appel aux armes, et où l'on faisait l'histoire de la révolution américaine. Quelque temps après, on pendit le gouverneur en effigie à Québec ; et des bandes d'hommes armés rôdèrent dans le comté du lac des Deux-Montagnes.

« Tout le monde dans la colonie est mécontent, s'écriait La Fontaine ; on demande des réformes. Il est temps d'en venir à une conclusion. » « Le but de l'assemblée de Deschambault, avait dit de son côté Morin, est de protester solennellement contre les résolutions de lord John Russell, qui a présenté au Parlement impérial une mesure décisive pour s'emparer de nos finances contre notre volonté. Cette mesure du ministre est une violation, une spoliation de nos droits les plus sacrés, un acte insigne de tyrannie, que les Canadiens ne doivent pas endurer, qu'ils doivent combattre de toutes leurs forces et par tous les moyens. D'après ce qui vient de se passer en Angleterre, il est clair que le peuple anglais n'a aucune sympathie pour nous, et que nous devons en chercher ailleurs. On nous méprise, on veut nous opprimer, nous anéantir. On veut nous tenir sous le joug d'une infâme oppression. Il n'y a plus de liberté pour nous ; l'esclavage va devenir notre partage. Cet état de choses ne doit durer que tant que nous ne pourrons pas le repousser. » *(Le Canadien,* 21 juillet et 28 août 1837).

Partout enfin l'on s'agita pour soutenir ou les quatre-vingt-douze résolutions ou la conduite du gouvernement, dont les amis se réunirent à leur tour pour s'opposer au parti du mouvement. Les associations constitutionnelles de Québec et de Montréal tinrent des assemblées très nombreuses ; beaucoup de gens s'y étaient ralliés, étant convaincus qu'il y avait folie à lutter contre l'Angleterre, les colonies étant divisées comme elles l'étaient. L'association de Montréal avait fait, l'année précédente (janvier 1836), une adresse aux habitants de toutes les provinces britanniques de l'Amérique septentrionale, au nom de la religion protestante et de la nationalité anglaise. Dans les États-Unis, les journaux étaient partagés sur les affaires canadiennes, et l'on pouvait être certain que le gouvernement de Washington n'interviendrait que quand la cause de l'indépendance serait à peu près gagnée, c'est-à-dire pour enlever le prix de la victoire. [Au milieu de ces discussions et de ces polémiques passionnées de part et d'autre, lord Gosford n'hésitait point à condamner les attaques virulentes et injustes dirigées par le parti ultra-tory contre les Canadiens français dont Papineau, est-il besoin de le dire, tirait le plus grand parti dans ses discours. (Gosford to Glenelg, September 2, 1837)].

Sur ces entrefaites, la nouvelle arriva que lord John Russell avait déclaré, le 23 juin (1837), au Parlement, qu'il suspendrait l'exécution des résolutions passées dans les Communes, espérant que les Canadiens verraient que leurs demandes étaient incompatibles avec leur état colonial. C'était annoncer une nouvelle session à Québec. On apprit en même temps la mort du roi Guillaume IV, survenue le 20 juin, et l'avènement au trône de sa nièce, la reine Victoria, qui fut couronnée le 28 juin 1838.

Lord Gosford répugnait aux mesures extrêmes ; il n'attendait aucun bien d'une dissolution, et il se flattait que les changements qu'il proposait d'opérer dans les deux Conseils, et que les ministres devaient finir par adopter, auraient un bon résultat. Au mois d'octobre, en effet, le ministre des colonies avait ajouté quelques Canadiens français dans les Conseils exécutif et législatif. Il ne voulait pas croire non plus à des troubles sérieux ; il n'exécuta qu'aux derniers moments l'ordre qu'il avait reçu d'appeler des troupes du Nouveau-Brunswick. Il pensait qu'il y avait beaucoup d'exagération dans les comptes rendus des assemblées tenues par les partisans de Papineau ; que les affaires pourraient marcher si les deux Conseils étaient libéralisés, et que rien n'était plus erroné que de supposer la masse des Canadiens français hostile à l'Angleterre (Gosford to Glenelg, April 29 – Sept. 13, 1837).

Malgré les troubles qui allaient bientôt éclater,

cette appréciation était juste. Le premier vœu des Canadiens était de conserver leurs usages et leur nationalité ; ils ne pouvaient désirer l'annexion aux États-Unis, car l'annexion serait le sacrifice de ces deux choses qui leur sont si chères. Et ce fut la conviction que l'Angleterre travaillait à les leur faire perdre, qui poussa un grand nombre d'insurgés à prendre les armes.

Les Chambres furent convoquées pour le 18 août (1837). Lorsqu'elles se réunirent, le gouverneur pria encore les représentants du peuple de faire eux-mêmes la répartition du revenu, que la métropole ferait sans doute, à leur défaut, s'ils s'opiniâtraient davantage dans leur premier dessein. Cette nouvelle tentative ne put ébranler la majorité, qui, dans son obstination fatale, vota, en réponse au discours d'ouverture, une adresse contenant une protestation contre les recommandations des commissaires et contre les résolutions du Parlement impérial. L'adresse fut présentée au gouverneur le 26 août. La législature fut prorogée aussitôt par une proclamation, dont Papineau trouva une copie sur son siège à son retour dans la salle des séances. La dernière démarche de la Chambre avait convaincu lord Gosford que les partisans de ce chef populaire voulaient une république, et qu'ils se servaient de l'animosité créée chez les Canadiens par les attaques violentes et injustifiables de la minorité, pour maintenir leur influence.

La brusque clôture des travaux législatifs ôta tout espoir de conciliation. En quelques endroits du district de Montréal, le peuple était déjà entraîné par les agitateurs ; les assemblées se succédaient sans cesse dans les villes et dans les campagnes. Le gouvernement se mit à sévir contre ceux qui y prenaient part, et destitua un grand nombre de juges de paix et d'officiers de milice ; Papineau lui-même perdit sa commission de major. Cela ne fit guère que fournir des armes aux partisans du mouvement. Les jeunes gens surtout étaient comme emportés dans un tourbillon. Les associations politiques étendaient leurs ramifications parmi les ouvriers. On faisait les plus grands efforts pour soulever partout le peuple ; mais on éveillait plutôt la curiosité de la foule que sa colère. Loin des villes, loin de la population anglaise et du gouvernement, le peuple vivait tranquille, comme s'il était au milieu de la France, et sentait à peine peser sur lui la domination étrangère. La peinture des injustices dont il souffrait, excitait bien lentement les passions dans son âme et n'y laissait aucune impression durable. D'ailleurs il n'avait pas une confiance entière dans tous les hommes qui s'adressaient à lui. Il avait vu tant d'agitateurs accuser le pouvoir d'abus et de despotisme, et accepter ensuite les premières faveurs que ce même pouvoir leur offrait !

Cependant en certains endroits il commençait à oublier sa prudence ordinaire. Le comté des Deux-Montagnes était toujours en effervescence. À Saint-Denis et ailleurs, on fêta les officiers de milice et les magistrats destitués. On forma des sociétés secrètes, et l'on parla de résistance. Une association de jeunes gens s'était fondée à Montréal sous le nom de *Fils de la liberté* ; elle publia un manifeste menaçant (1ᵉʳ octobre). Ces unions avaient leurs agents dans les campagnes.

À Québec, quelques jeunes gens, après avoir vainement essayé d'organiser une association semblable à celle des *Fils de la Liberté,* reçurent un envoyé secret de Montréal, qui les informa qu'on allait prendre les armes. Cazeau, l'un d'eux, comptant sur les ouvriers du faubourg Saint-Roch, prépara quelques balles, qu'il eut beaucoup de peine à cacher à la police quand plus tard elle fit une descente chez lui. Ce club secret avait pris Augustin-Norbert Morin pour chef. Ses idées néanmoins ne faisaient pas de progrès, et Morin s'en plaignit à ses amis du comité central des Deux-Montagnes. Il leur écrivit le 25 octobre : « Mes efforts, ainsi que les vôtres, pour le soutien des libertés populaires et de la cause canadienne, auraient déjà été couronnés de succès sans l'influence que l'intrigue, l'ignorance et la corruption ont exercée sur ceux qui avaient une certaine prédisposition ou qui étaient les plus exposés... Avec de la constance et du courage nous détruirons un mal éphémère, nous démasquerons l'avilissement et la corruption de nos ennemis et de quelques ci-devant prétendus amis. »

Morin, malgré ce langage, était un homme doux, poli, de goûts simples et studieux, ayant plutôt la suavité de manières d'un ecclésiastique que l'ardeur emportée d'un conspirateur. On ne pouvait le charger d'un rôle qui fût plus contraire à son caractère. Ce qui faisait dire au *Canadien* : « Ce fut pour lui un jour bien malheureux que celui où il se posa en chef de parti dans ce district. Tant qu'il n'eût qu'à agir sous la direction immédiate de volontés supérieures, plus habituées que lui au commandement, il vit s'accroître sa réputation d'homme habile ; mais depuis il n'a fait que jouer de malheur et prouver que, s'il a les talents de l'exécution, il n'a pas encore acquis ceux de la direction. »

À Saint-Denis, à Saint-Charles, à Saint-Eustache, à Berthier, à l'Acadie, on fit les mêmes préparatifs. Le comité central et permanent du comté de Montréal, composé des chefs du mouvement, transmit une adresse à *l'Association des ouvriers de Londres,* espèce de club politique et révolutionnaire, dans l'espérance, sans doute, d'éveiller la sympathie au moins de quelques hommes en Angleterre. Les têtes exaltées de Montréal résolurent de s'adresser aussi au Congrès des États-Unis pour demander le commerce libre. Petit à petit les hommes du mouvement se montraient de plus en plus hardis au point d'inquiéter les gens paisibles, qui crurent devoir faire des démonstrations en sens contraire. Hertel de Rouville, colonel d'un bataillon de milice dans le comté des Deux-Montagnes, ce centre d'agitation, écrivit au gouverneur que tout son monde était animé du meilleur esprit et prêt à obéir à ses ordres au premier appel. Mais le grand nombre, ne voyant pas encore de véritables dangers, désirait laisser le gouvernement se tirer comme il pourrait de ces difficultés, puisqu'il en était la cause première en voulant maintenir un état de choses plein d'injustices et de distinctions nationales. Lorsqu'on apprit, cependant, qu'il y avait eu résistance ouverte à Saint-Denis et à Saint-Charles, on s'empressa, dans les villes et dans presque tous les comtés du pays, d'envoyer des adresses au gouvernement et de se rallier à lui.

Les menaces proférées en différents endroits avaient déterminé le pouvoir à distribuer des armes à ceux en qui il pouvait avoir confiance, afin d'assurer le maintien de l'ordre. Ces mesures de précaution n'empêchèrent point les partisans du mouvement de tenir à Saint-Charles, le 23 octobre (1837), une grande assemblée des habitants des comtés de Richelieu, Saint-Hyacinthe, Rouville, Chambly et Verchères, auxquels se joignirent ceux du comté de l'Acadie. Ils se donnèrent le nom de *Confédération des six comtés.* Il s'y trouva une douzaine de membres de la Chambre d'assemblée et des miliciens armés, sous les ordres de quelques officiers destitués. On y voyait une foule de drapeaux avec ces diverses inscriptions : « Vive Papineau et le système électif ! » « Honneur à ceux qui ont renvoyé leurs commissions et qui ont été destitués ! » « Nos amis du Haut-Canada ! » « Honneur aux braves Canadiens de 1813 ! Le pays attend encore leur secours ! » « Indépendance ! » Le Conseil législatif était représenté par une tête de mort sur des os en croix.

Le docteur Wolfred Nelson, de Saint-Denis, fut appelé au fauteuil. Papineau, Nelson, Louis-Michel Viger, Louis Lacoste, C.-H.-O. Côté, E.-E. Rodier, T. Storrow Brown et Girod prirent tour à tour la parole. On fit une espèce de déclaration des droits de l'homme. Papineau commençait à s'apercevoir qu'on allait trop loin, et il prononça un discours qui mécontenta les esprits les plus ardents. Il conseilla de s'abstenir de prendre les armes : la seule résistance constitutionnelle et le meilleur moyen de combattre l'Angleterre, dit-il, c'était de ne rien acheter d'elle. Cette opinion déplut à Nelson, qui s'écria que le temps d'agir était venu. Les résolutions qu'on adopta au nombre de treize servirent de base à un appel au peuple. Répandu à profusion cet appel engagea l'évêque de Montréal, Mgr Lartigue, à adresser un mandement aux Canadiens (24 octobre) pour leur recommander suivant la doctrine catholique, l'obéissance au pouvoir établi. La voix du clergé se fit entendre jusque dans la chaumière la plus reculée.

En 1837, le siège épiscopal de Québec était occupé par Mgr Signaï, qui avait remplacé, en 1833, Mgr Panet, successeur de Mgr Plessis. Il approuva les paroles adressées par son auxiliaire au peuple égaré par les agitateurs. « Depuis longtemps, nos très chers frères, disait Mgr

Lartigue, nous n'entendons parler que d'agitation, de révolte même, dans un pays toujours renommé jusqu'à présent par son loyalisme, son esprit de paix et son amour pour la religion de ses pères. On voit partout les frères s'élever contre leurs frères, les amis contre leurs amis, les citoyens contre leurs concitoyens ; et la discorde, d'un bout à l'autre de ce diocèse, semble avoir brisé les liens de la charité qui unissaient entre eux les membres d'un même corps, les enfants d'une même Église, du catholicisme, qui est une religion d'unité.

« Encore une fois, nous ne vous donnerons pas notre sentiment, comme citoyen, sur cette question purement politique : qui a droit ou tort entre les diverses branches du pouvoir souverain ? (ce sont de ces choses que Dieu a laissées aux disputes des hommes) ; mais la question morale, à savoir, quels sont les devoirs d'un catholique à l'égard de la puissance civile établie et constituée dans chaque État, cette question religieuse, dis-je, est de notre ressort et de notre compétence...

« Ne vous laissez pas séduire si quelqu'un voulait vous engager à la rébellion contre le gouvernement établi, sous prétexte que vous faites partie du peuple souverain : la trop fameuse Convention nationale de France, quoique forcée d'admettre la souveraineté du peuple, puisqu'elle lui devait son existence, eut bien soin de condamner elle-même les insurrections populaires, en insérant dans la déclaration des droits en tête de la constitution de 1795, que la souveraineté réside, non dans une partie, ni même dans la majorité du peuple, mais dans l'universalité des citoyens... Or, qui oserait dire que, dans ce pays, la totalité des citoyens veut la destruction de son gouvernement ?... »

Au même temps, le *Canadien* renouvela ses avis de la manière la plus pressante sur la nécessité de se prononcer contre le parti du mouvement et de la résistance, au nom de notre honneur national et de nos libertés menacées et le clergé catholique de Montréal, de concert avec celui de Québec, pria le Conseil exécutif d'appuyer une requête aux autorités impériales qui aurait pour but d'obtenir le plus tôt possible, en faveur du peuple canadien, tout ce qu'il pouvait attendre de réformes, afin d'apaiser les troubles. Cette requête ne fut pas envoyée.

Le Conseil exécutif prit ses mesures pour étouffer l'insurrection et faire respecter la loi. L'année précédente, le général sir John Colborne avait remis le gouvernement du Haut-Canada à sir Francis Bond Head. Il paraît qu'un désaccord survenu entre lui et le ministre des colonies, lord Glenelg, à l'occasion de la politique coloniale, avait motivé sa démission. Peu après, il descendit à Montréal, où il fut reçu en triomphe par le parti anglais. Il se rendit ensuite à New-York. Au moment de s'embarquer pour l'Europe avec sa famille, il lui arriva des dépêches d'Angleterre : le ministre lui donnait le commandement militaire des deux provinces du Canada avec le rang de lieutenant général (mai 1836). Colborne visita Washington et d'autres villes des États-Unis. De retour en Canada, il mit sous les armes une partie de la population anglaise de Montréal et de Québec. Il organisa des corps de cavalerie, d'artillerie et d'infanterie. Il arma presque tous les Irlandais, dont un grand nombre faisaient encore cause commune, peu de temps auparavant, avec les libéraux les plus exaltés, versatilité caractéristique qui peut expliquer une partie des maux de l'Irlande. Six cents volontaires furent armés en quelques jours. Colborne manda aussi des troupes du Nouveau-Brunswick.

L'excitation était trop grande dans plusieurs localités pour se calmer tout à coup, ou se terminer sans effusion de sang, si les deux partis venaient en présence. Déjà il y avait eu des troubles graves à Montréal. Le 6 novembre (1837), les *Fils de la Liberté,* dirigés par Thomas Storrow Brown, et les membres du *Doric Club,* lequel avait été fondé par les loyalistes de langue anglaise, en vinrent aux mains. La maison de Papineau et celle d'un membre de l'association constitutionnelle furent attaquées ; les presses du *Vindicator* saccagées. Toute la nuit, les troupes parcoururent les rues avec de l'artillerie. Il se produisait également des désordres à Québec.

Des mandats d'arrestation furent lancés le 16 novembre contre les chefs canadiens, dont vingt-six étaient accusés du crime de haute trahison, entre autres Papineau, O'Callaghan, Wolfred Nelson, Augustin-Norbert Morin, T. S Brown, Ovide Perrault. À Québec et à Montréal, les arrestations se firent sans obstacles ; mais dans les campagnes du district de Montréal, les officiers de la justice éprouvèrent de la résistance, et il fallut les faire accompagner par des corps de troupes, qui, après avoir été repoussés en plusieurs endroits, triomphèrent à la fin. Entre Chambly et Longueuil, un petit détachement de cavalerie fut mis en déroute, et quelques prisonniers qu'il emmenait furent délivrés. Des troupes, commandées par le colonel Gore et composées de cinq compagnies de soldats, avec une pièce de canon, et d'un détachement de cavalerie, parties de Sorel pour Saint-Charles, furent arrêtées à Saint-Denis, le 23 novembre (1837) par Wolfred Nelson, qui s'était retranché dans une grande maison de pierre. Au son du tocsin, huit cents hommes se réunirent sous ses ordres ; mais presque tous étaient sans armes et sans munitions. Ils n'avaient qu'environ cent vingt fusils de chasse, bons ou mauvais. Ils s'étaient munis de lances, de fourches et de bâtons. Une partie resta pour combattre et l'autre s'éloigna. Le succès était si incertain que Nelson engagea Papineau, qui se trouvait là dans le moment avec O'Callaghan, à se retirer pour ne pas compromettre sa vie, et par là même la cause dont il était le champion. « Ce n'est pas ici, lui dit-il, que vous serez le plus utile ; nous aurons besoin de vous plus tard ; nous sommes les bras, c'est à nous d'agir. » Ainsi Papineau, qui s'était opposé à la prise d'armes à l'assemblée des six comtés, était déjà entraîné par le torrent, sans pouvoir exposer sa vie au feu, comme les autres, malgré les reproches sévères, dit-il lui-même à Nelson, qu'on pourrait lui faire ensuite s'il s'éloignait dans un pareil moment.

Les troupes, en arrivant, s'emparèrent des maisons voisines, et ouvrirent un feu d'artillerie et de mousqueterie sur les insurgés. Voyant son peu d'effet, le colonel Gore ordonna au capitaine

Markham de donner l'assaut à une distillerie où étaient postés une quinzaine de Canadiens qui l'incommodaient beaucoup ; après des efforts inutiles, l'attaque fut abandonnée. Le capitaine Markham y fut grièvement blessé.

Vers deux heures, les insurgés reçurent un secours qui porta le nombre des hommes armés à deux cents environ. Aussitôt ils résolurent de prendre l'offensive. Ils réussirent à déloger un détachement embusqué derrière une grange. Le reste des troupes s'obstina en vain ; après six heures de combat, le colonel Gore, vieux décoré de Waterloo, fut contraint d'abandonner la victoire aux rebelles, qui le poursuivirent et lui enlevèrent son canon, des blessés et une partie de ses bagages et de ses munitions. Ovide Perrault, membre de la Chambre d'assemblée, fut mortellement blessé dans ce combat. Les insurgés perdirent treize hommes ; les loyalistes eurent seize tués ou blessés.

Pendant ce temps, une autre colonne, composée de trois cent trente hommes d'infanterie, avec deux pièces de canon, et de quelques cavaliers, venait de Chambly, sous les ordres du lieutenant-colonel Wetherall, pour se joindre à celle de Gore. Les deux corps réunis devaient attaquer le village de Saint-Charles, où les insurgés s'étaient retranchés. Wetherall s'avançait lentement, parce que les ponts sur les rivières avaient été coupés. Quoiqu'il ne trouvât point Gore au lieu désigné, il continua sa route et reçut quelques coups de fusil à l'entrée de Saint-Charles. Il arriva devant les retranchements des insurgés le 25 novembre (1837). Ces ouvrages faits d'arbres renversés s'appuyaient à la maison de Pierre Debartzch, qu'on avait percée de meurtrières, et formaient un parallélogramme entre la rivière et le pied d'une colline qui les dominait par derrière. Ils étaient défendus par quelques centaines d'hommes, la plupart sans armes, comme à Saint-Denis, et commandés par Thomas-Storrow Brown, qui prit la fuite avant l'attaque. Les insurgés avaient deux vieux canons, tout rouillés, dont ils ne tirèrent qu'un coup ou deux. Wetherall prit possession de la colline, mit bientôt ses pièces en batterie, et enveloppa de ses troupes le camp de manière à ne laisser aux insurgés d'autre issue que la rivière. Ses dispositions faites, il ordonna l'attaque. Les rebelles répondirent au feu avec vigueur ; une poignée d'hommes éparpillés parmi des arbres à la droite obligea le commandant anglais à faire soutenir les grenadiers, qui étaient sur ce point, par une autre compagnie. La fusillade durait depuis une heure environ, lorsque l'artillerie acheva de renverser le fragile retranchement des rebelles, et de semer la confusion dans leurs rangs. L'infanterie chargea alors à la baïonnette. Elle emporta le camp d'emblée, et massacra beaucoup d'insurgés qui osaient se défendre encore. Elle ne fit que trente prisonniers. Il y eut ce jour-là, environ cent hommes tués ou blessés. De leur côté, les loyalistes perdirent seulement trois hommes et eurent dix-huit blessés. (Wetherall to Colborne, November 27, 1837).

Tout fut brûlé dans le camp, excepté la maison de Debartzch ; après quoi Wetherall retourna à Montréal par Chambly et Saint-Jean, dispersant en chemin, à la Pointe-Olivier, un autre rassemblement qui voulut intercepter sa marche.

À la suite de ces deux combats, le district de Montréal fut mis sous la loi martiale (5 décembre 1837). Le peuple commença alors à s'assembler dans les villes et dans les paroisses, pour protester contre l'insurrection. [Aussi bien les habitants de Montréal, de Laprairie, de Saint-Vincent-de-Paul présentèrent au gouverneur des adresses exprimant leur loyalisme envers la couronne britannique ; cependant que l'évêque de Québec, Mgr Signaï, adressait aux catholiques de son diocèse un mandement tout animé des mêmes sentiments (11 décembre 1837). Déjà, notons-le, le gouvernement avait offert une somme de 1000 liv. st. pour l'arrestation de Papineau].

La Fontaine et Leslie, s'apercevant qu'on s'était trop obstiné, vinrent à Québec prier lord Gosford de convoquer les Chambres. Il était trop tard, puisque l'Assemblée eût paru vaincue, et le gouvernement vainqueur. Il aurait fallu prévoir ce résultat plus tôt, et ne pas se mettre dans la situation de subir toutes les conséquences d'une défaite, sans avoir réellement combattu ; car les petits chocs qui venaient d'avoir lieu n'étaient que le fruit d'une agitation locale, insuffisante pour amener un soulèvement en masse et une véritable révolution. Lord Gosford refusa. [Pourtant quatorze députés avaient signé une requête à cette fin. La Fontaine, quelque temps après, écrivit notamment : « Nous sommes convaincus qu'il (Gosford) ne l'accordera pas ; mais notre but en envoyant tout cela en Angleterre est d'y faire croire que nous voulons au moins conserver la législature, car nos adversaires remuent ciel et terre pour que nous n'ayons plus de Chambre d'assemblée ! » (Lettre à A. Berthelot, 17 décembre 1837). Au surplus, La Fontaine se disposait à hâter son départ pour les États-Unis à destination de l'Angleterre et de la France. En effet, les autorité venaient d'émettre un mandat d'arrêt contre lui.]

L'insurrection était vaincue sur la rive droite du Saint-Laurent. Un dernier parti, venant des États-Unis, avait été pris ou dispersé à Four-Corners, sur l'extrême frontière, près du lac Champlain. Il ne restait plus à soumettre qu'un point sur la rive gauche : Saint-Eustache, dans le comté des Deux-Montagnes. Le docteur Chénier et Amury Girod, émigré suisse établi depuis quelques années en Canada, étaient les principaux chefs du soulèvement de ce côté. Ils se saisirent des fusils et d'un canon au village des Sauvages, sur le bord du lac des Deux-Montagnes, puis se portèrent avec leurs hommes à Saint-Eustache, où ils s'emparèrent du Couvent et s'y retranchèrent. Le curé, M. Paquin, M. Desève, son vicaire, Scott, membre de la Chambre d'assemblée, et Emery Ferré, parvinrent à engager les paysans qui suivaient Chénier à retourner chez eux ; il ne resta qu'un jeune homme au couvent. D'autres, toutefois, venus du Grand-Brûlé et d'ailleurs, les remplacèrent, et durant plusieurs jours il y eut de quatre cents à quinze cents hommes vivant à discrétion dans le village. C'est alors qu'on apprit l'affaire de Saint-Charles et la dispersion des rebelles dans le sud. Croyant cette occasion favorable, M. Paquin invita Chénier au presbytère et le pressa de renoncer à ses dangereux projets. Tous ceux qui étaient présents, ecclésiastiques et séculiers, se joignirent au curé pour faire les mêmes instances auprès du chef rebelle, en lui mettant sous les yeux toute l'inutilité de son entreprise et les funestes conséquences qu'elle devait entraîner. Ce fut en vain. Chénier prétendit que les nouvelles de Saint-Charles étaient fausses, et qu'il venait d'apprendre par un courrier que les patriotes étaient vainqueurs dans le sud ; il ajouta que pour lui sa résolution était inébranlable, qu'il était décidé à mourir les armes à la main. Malgré son opiniâtreté cependant, on s'aperçut qu'il ne pouvait surmonter une profonde émotion et qu'il laissait échapper quelques larmes. N'ayant pu le dissuader, M. Paquin se vit obligé de s'éloigner et d'abandonner sa maison et l'église aux rebelles. Beaucoup de familles étaient déjà parties ou partaient à chaque instant pour les paroisses environnantes ou pour Montréal. Il y avait eu déjà des alertes, et les personnes bien informées savaient que les insurgés n'étaient pas assez nombreux pour résister aux forces qui approchaient.

En fait, sir John Colborne lui-même arrivait avec deux mille hommes, huit pièces de canon et une pièce à fusées. À l'aspect de cette colonne, d'autant plus imposante qu'elle couvrait avec ses bagages plus de deux milles de chemin, la majeure partie de ceux qui composaient l'attroupement à Saint-Eustache abandonnèrent Chénier (14 décembre 1837). Ce chef demeura avec deux cents à deux cent cinquante hommes, qui se placèrent dans l'église, le couvent, le presbytère et les maisons voisines. Beaucoup n'avaient pas d'armes ; ils s'en plaignirent à Chénier, qui leur répondit froidement : « Soyez tranquilles, il y en aura de tués parmi nous, vous prendrez leurs fusils. »

Quand les troupes eurent cerné complètement le village, leur artillerie commença le feu. Les insurgés y répondirent avec vivacité tant qu'ils eurent des munitions, et firent même reculer une batterie. Après une canonnade de deux heures, les volontaires du capitaine Leclerc et deux régiments de troupes réglés s'approchèrent et ouvrirent une mousqueterie terrible ; dans le moment l'ordre vint de donner l'assaut. L'incendie se déclarait dans les édifices occupés par les rebelles. Les balles et les flammes forcèrent ceux-ci de les abandonner les uns après les autres jusqu'à l'église, qui fut bientôt entourée à son tour par les troupes et par l'incendie.

Chénier voulut s'y défendre encore : une mer de feu le repoussa. Il réunit alors quelques hommes, sauta avec eux par les fenêtres et chercha à se faire jour au travers des troupes ; mais, atteint par une balle dans le cimetière, il tomba et expira presque aussitôt. Ce ne fut plus qu'une scène de carnage. On ne fit de quartier à personne, et le reste du village fut abandonné au pillage et aux flammes. Girod, qui s'était enfui avant le combat, se voyant sur le point d'être arrêté quelques jours après par des hommes à sa poursuite, se tua d'un coup de pistolet. [Soixante-dix insurgés périrent durant cette action ; quant aux loyalistes, ils eurent un tué et huit blessés].

Le combat de Saint-Eustache fut le dernier livré à l'insurrection.

Les troupes marchèrent ensuite sur Saint-Benoît, qui subit le sort de Saint-Eustache et de Saint-Denis, où l'on avait envoyé près de onze cents hommes détruire le village, pour venger la défaite du 23 novembre. Les révoltés étaient maintenant abattus. Leurs chefs étaient en fuite ou en prison. Papineau venait d'atteindre les

États-Unis avec plusieurs autres personnes. Les journaux qui soutenaient le mouvement étaient saisis ou restaient muets ; le peuple, partout soumis, continuait d'envoyer des adresses rassurantes au pouvoir.

Le clergé fit entendre de nouveau sa voix sur les ruines que venait de causer la tempête. Les évêques de Québec et de Montréal annoncèrent des prières pour remercier Dieu du rétablissement de la paix. « Quelle misère, quelle désolation s'est répandue dans plusieurs de nos campagnes, disait Mgr Lartigue, évêque de Montréal, depuis que le fléau de la guerre civile a ravagé cet heureux et beau pays, où régnaient l'abondance et la joie avec l'ordre et la sûreté, avant que des brigands et des rebelles eussent, à force de sophismes et de mensonges, égaré une partie de la population de notre diocèse ! Que vous reste-t-il de leurs belles promesses ?... Est-ce le vœu de la majorité du pays, qui néanmoins, selon leurs principes, doit régler tout dans un État, est-ce cette volonté générale qui a dirigé les opérations militaires des insurgés ? Vous trouviez-vous libres, lorsqu'en vous menaçant de toutes sortes de vexations, de l'incendie et de la perte de tous vos biens, de la mort même, si vous ne vous soumettiez à leur effrayant despotisme, ils forçaient plus de la moitié du petit nombre qui a pris les armes contre notre auguste souveraine à marcher contre ses armées victorieuses ? » (Mandement du 8 janvier 1838).

« De notre côté, disait l'évêque de Québec, Mgr Signaï, pendant les désastres dont quelques parties de cette province ont été le théâtre, nous avons, à l'exemple de Moïse, conjuré le Seigneur de ne point perdre son peuple et son héritage ; et aujourd'hui nous avons, ainsi que vous, le bonheur de voir que ce Dieu de bonté a écouté favorablement nos humbles prières. » (Mandement du 6 février 1838).

Tandis que le calme renaissait dans le Bas-Canada, le Haut, à son tour, était menacé de troubles sanglants. William-Lyon Mackenzie se jetait ouvertement dans la révolte à Navy Island, où il s'était réfugié avec un corps de mécontents et d'Américains (décembre 1837). Dans le district de London erraient çà et là quelques rebelles. Ils ne purent tenir longtemps la campagne : un de leurs partis fut mis en déroute dans ce district ; un autre, défait à Amherstburg, et Mackenzie lui-même, après avoir subi un bombardement, évacua son île (13 janvier 1838) ; de sorte que bientôt la paix se trouva rétablie dans le Haut comme dans le Bas-Canada. Il rôda bien encore sur les frontières des deux provinces des bandes d'Américains et de rebelles, sous les ordres de Mackenzie et de Robert Nelson, lequel publia en février une déclaration d'indépendance ; mais l'intérieur du pays demeura paisible, et, au dehors le gouvernement des États-Unis dut réunir des forces suffisantes pour faire observer les lois de la neutralité. Le gouverneur du Haut-Canada, sir Francis Bond Head, dans une lettre écrite à la fin de janvier (1838) au ministre anglais à Washington, Henry Fox, s'était plaint de la violation de ces lois par les autorités américaines. Le gouverneur Jenison, du Vermont, avait déjà invité les citoyens à maintenir la paix. Le gouverneur Marcy, de l'État de New-York, en fit autant.

Dans le Nouveau-Brunswick et dans la

Nouvelle-Écosse, tout était tranquille. Au premier bruit des troubles du Canada, le peuple de ces colonies s'était assemblée et avait rassuré le pouvoir.

En Angleterre, on avait les yeux sur nous. Déjà, avant l'insurrection, la reine Victoria, en ouvrant le Parlement le 20 novembre (1837), avait appelé l'attention des Chambres sur nos affaires. Hume et Leader demandèrent aux ministres quelle marche ils allaient suivre alors que leurs mesures avaient poussé un peuple moral, tranquille et religieux, sur la pente même d'une révolution, et que le Haut-Canada paraissait faire cause commune avec le Bas ? Lord John Russell défendit sa politique, tout en refusant de découvrir ses intentions. Il annonça que la démission de lord Gosford, qui avait sollicité son rappel, était acceptée, et que sir John Colborne allait le remplacer pendant trois mois. [Comme les dépêches venant du Canada annonçaient une situation de plus en plus alarmante, lord Russell avait proposé le 21 décembre 1837 l'ajournement des Communes jusqu'au 16 janvier suivant.] Lorsque la nouvelle des troubles parvint à Londres, quelques marchands anglais en relation avec les nôtres, se présentèrent au Bureau des colonies, et reçurent de lord Glenelg l'assurance que l'on protégerait les sujets fidèles, et que les rebelles seraient domptés par la force des armes. Et en effet on prit aussitôt des mesures pour expédier les renforts de troupes.

Les Anglais, à Québec et surtout à Montréal, avaient recommencé à demander l'union des deux Canadas. Ils députèrent à Londres, les premiers, Andrew Stuart, les seconds, Moffatt et Badgley. Ces délégués s'abouchèrent avec le ministre des colonies et avec lord Durham avant son départ pour Québec. C'était l'attente de l'union qui avait empêché les ministres de consentir aux concessions demandées par le Bas-Canada. Ils ne voulaient pas laisser trop grandir la nationalité française. Aux rumeurs qui transpiraient de fois à autre, on pouvait prévoir que, dès que le parti anglais ne pourrait plus tenir tête au parti canadien malgré l'appui de la métropole, dès que la population du Haut-Canada serait devenue assez considérable, ils réuniraient les deux provinces afin de terminer la querelle des deux races.

Lord Gosford reçut plusieurs adresses des habitants de la capitale et des paroisses voisines. Il partit de Québec le 27 février 1838, pour retourner en Europe par la voie des États-Unis. Le gouverneur du Haut-Canada, sir Francis Bond Head, qui avait aussi obtenu son rappel, le suivit peu après.

Nombre de journaux d'Angleterre blâmaient la conduite du gouvernement ; mais il n'était pas douteux que les ministres seraient appuyés par la grande majorité de la nation et du Parlement. Ils pouvaient compter aussi sur les colonies, comme les débats qui eurent lieu dans la Chambre du Nouveau-Brunswick le prouvèrent. Cette province était prête à soutenir la métropole, pour renverser toute l'organisation sociale des Canadiens. « C'est une nouvelle conquête qu'il faut faire », s'écriait un de ses membres influents, Wilmot, inspiré par la *Gazette* de Montréal. Dans le Haut-Canada, où la question de l'union avait été soumise aux Chambres, les membres de l'Assemblée n'en voulaient qu'à condition que la prépondérance fût assurée aux Anglais, et que les lois et la langue françaises fussent abolies dans la législature et dans les tribunaux.

Tels étaient alors, partout, les sentiments à l'égard de nos compatriotes. C'était là sans doute le résultat de l'insurrection de 1837, dont le mouvement de l'année suivante, bien moins sérieux, ne fut que le contrecoup. Cette insurrection avait été prématurée et inattendue. Nulle part le peuple n'y était préparé. Il n'y avait que les hommes ardents engagés dans la politique, les agitateurs, leurs partisans et des transfuges, qui vissent dans une révolution un remède aux abus existants, ou une occasion de satisfaire leur ambition personnelle. Ils s'excitèrent mutuellement ; leur imagination se monta, les choses ne leur apparurent plus sous leur véritable jour. Tout prit à leurs yeux une grandeur ou une petitesse exagérée. Leurs premiers sentiments changèrent. Bientôt ceux que l'intérêt personnel animait se crurent patriotes à force de se proclamer tels et de se mêler avec ceux qui l'étaient réellement. Mais le temps devait nous faire connaître les uns et les autres ; car seuls les hommes sincères subissent la conséquence de leur entraînement avec l'indépendance, la dignité morale qui donne de la noblesse à une cause.

Bibliographie

Sources. Journal de la Chambre d'assemblée 1835-1837. – Journal du Conseil législatif, idem. – Hansard, *Parliamentary Debates,* 1834-1835. – Collection des journaux *le Canadien* de Québec et *la Minerve* de Montréal. – *Lettres* de 1833 et 1836 de C.-O. Perrault, (Mémoires : Soc. Roy. du Canada, 3e série). – *Mandements des évêques de Québec,* tome III. – *Journal historique des événements arrivés à Saint-Eustache pendant la rébellion du comté du lac des Deux-Montagnes,* publié par l'abbé Paquin, curé de Saint-Eustache, Montréal 1838. – *Papineau et Nelson :* Blanc et noir... des presses de *l'Avenir,* Montréal, 1848.

Ouvrages à consulter. Aux ouvrages de Christie, Kingsford, Egerton, sir Thomas Chapais, *Cours d'histoire du Canada,* tome IV, 1933. A.-D. De Celles, R. Rumilly, E. Parent, N. E. Dionne, déjà cités, on ajoutera : D. B. Read, *The Canadian Rebellion of* 1837, Toronto, 1896. – G. Filteau, *Histoire des patriotes,* Montréal, 1938, trois vols. – G.-C. Moore Smith, *The Life of John Colborne, Field Marshall Lord Seaton,* London, 1903. – O. E. Tiffany, *The Relations of the United States to the Canadian Rebellion,* Pubs. Buffalo Historical Society, Buffalo, 1905. – *Canada and its Provinces,* vols III et IV, Toronto, 1914. – S. Walpole, *A History of England from* 1815... new ed., London, 1890.

Chapitre III

L'union des deux Canadas
1838-1840

Qu'allait-il advenir de cette résistance sitôt vaincue ? Ce que le gouvernement anglais désirait dès longtemps, une occasion de réunir les deux Canadas. Quoiqu'il eût échoué en 1822, l'habilité de sa politique avait su conduire depuis les choses au point voulu et propice pour la réalisation de son dessein. La précipitation de Papineau avança sans doute le terme fatal mais le Bureau des colonies y tendait sans cesse, et cette tendance devait amener un choc tôt ou tard. Les ministres savaient bien que les Canadiens s'opposeraient au mal réel qu'on voulait leur infliger sous l'ombre des maximes libérales les plus avancées.

Il n'y avait encore jamais eu de troubles civils

en Canada. Ceux qui venaient d'éclater firent sensation non seulement en Angleterre, mais aux États-Unis et en France. Aux États-Unis, le gouvernement eut beaucoup de peine à retenir les citoyens, qui se portaient par centaines sous les drapeaux de Lyon Mackenzie, et qui inquiétèrent le Haut-Canada tout l'hiver. En France, on se demanda ce que c'était, et l'on se rappela qu'on avait eu autrefois des compatriotes au delà de l'Océan. Alors les yeux se tournèrent vers nous, et un journal républicain parla de la formation d'une légion auxiliaire, pour venir à notre secours. La *Gazette de France,* plus grave, disait dans un article sur le Canada : « Là encore nous retrouvons une Irlande soumise au joug arbitraire de la conquête, opprimée dans ses croyances, nominalement unie, mais en réalité divisée par une choquante inégalité politique... On a cru que la conquête pouvait faire des nationalités au gré d'une diplomatie sans entrailles, que la terre pouvait se diviser comme une pièce d'étoffe, et les peuples se partager comme des troupeaux ; parce que l'invasion et les combats ont livré un territoire et une population au vainqueur, celui-ci s'est cru en droit de se les approprier, de leur imposer ses lois, sa religion, ses usages, son langage ; de refaire par la contrainte toute l'éducation, toute l'existence d'un peuple, et de le forcer jusque dans ce qu'il y a de plus sacré parmi les hommes, le sanctuaire inviolable de la conscience... De quoi s'agit-il, en effet, à Québec et à Montréal ? Du vote de l'impôt, du droit commun, de la représentation, de ces principes de nationalité que les émigrants français au nord de l'Amérique ont transportés avec eux, de même qu'Énée, selon la fable, emporta avec lui ses dieux, les mœurs d'Ilion et ses pénates...

« Et comme pour donner au monde une marque visible de la nature de ce mouvement et de son accord avec le principe de vérité, les deux hommes que l'on voit à la tête sont un Français, Papineau, et un Irlandais, O'Callaghan, tous deux catholiques, tous deux réclamant la liberté religieuse, la liberté politique, les institutions et les lois sous lesquelles les sociétés auxquelles ils appartiennent se sont formées et développées. »

Si la révolte avait été sérieuse, le

gouvernement des États-Unis eût été entraîné, et plus tard peut-être celui de la France, ce qui aurait été plus que suffisant pour assurer l'indépendance des deux Canadas. Mais comme le soulèvement partiel qui venait d'avoir lieu résultait d'une lutte politique prolongée au delà de toute mesure, plutôt qu'une détermination formelle de rompre avec l'Angleterre, les chefs du mouvement ne s'étaient laissé emporter qu'à la fin, et encore dans l'adresse des six comtés (23 octobre 1837), si l'on menaçait, on parlait aussi de redressement de griefs. Cela est si vrai que nuls préparatifs n'avaient été faits pour une insurrection. On n'avait amassé ni armes, ni munitions, ni argent, ni rien de ce qui est indispensable à la guerre. À Saint-Denis et à Saint-Charles, les trois quarts des hommes n'avaient pas de fusils, et l'attaque vint des troupes chargées d'appuyer les officiers civils.

Dès le jour de l'ouverture des Chambres impériales, le 16 janvier (1838), lord John Russell fit adopter une adresse pour assurer la reine que le Parlement était prêt à l'aider dans la répression des troubles ; et, le lendemain, il présenta un projet de loi pour suspendre la constitution du Bas-Canada durant trois ans.

Ce projet souleva des débats, qui se renouvelèrent dans les deux Chambres pendant plusieurs jours ; mais une partie de l'opposition n'avait saisi ce moment que pour faire la guerre au ministère, et non pour défendre les intérêts des Canadiens français. Ce furent, entre les tories et les whigs, entre sir Robert Peel et lord Russell, des récriminations réciproques et oiseuses. John-Arthur Roebuck fut entendu devant les deux Chambres en qualité d'agent du Canada. Il fit un discours de quatre heures dans les Communes, sans changer les opinions. Son influence y avait éprouvé quelque échec ; et d'ailleurs sa conduite n'était pas toujours prudente. Ainsi il avait assisté à une assemblée tenue à Londres sous la présidence de Joseph Hume, où l'on avait déclaré que la possession du Canada n'était point avantageuse à l'Angleterre ; on y avait aussi invité le peuple de tout le royaume à pétitionner pour engager les ministres à renoncer à leurs mesures coercitives contre cette colonie. Agiter une pareille question à l'époque d'un mouvement insurrectionnel, c'était paraître encourager ce mouvement, c'était augmenter encore les soupçons contre les Canadiens. Néanmoins lord Broughan, le duc de Wellington, lord Sandon à la Chambre des lords ; Warburton Hume, Leader, sir William Molesworth et Stanley, aux Communes, blâmèrent la conduite des ministres et leur attribuèrent les événements qui venaient d'avoir lieu. Lord Brougham recommanda la clémence envers les insurgés, et justifia leur révolte. « On blâme avec véhémence les Canadiens, disait-il ; mais quel est le pays, le peuple qui leur a donné l'exemple de l'insurrection ? Vous vous récriez contre leur rébellion, quoique vous ayez pris leur argent sans leur agrément, et anéanti les droits que vous vous faisiez un mérite de leur avoir accordés. Vous énumérez leurs autres avantages : ils payent peu de taxes ; ils reçoivent des secours considérables de ce pays ; ils jouissent de précieux privilèges commerciaux qui nous coûtent cher, et vous dites : Toute la dispute vient de ce que nous avons pris vingt mille livres sterling sans le consentement de leurs représentants ! Vingt mille livres sans leur consentement ! Eh bien, ce fut pour vingt shillings qu'Hampden résista, et il acquit par sa résistance un nom immortel, pour lequel les Plantagenets et les Guelfes auraient donné tout le sang qui coulait dans leurs veines ! Si c'est un crime de résister à l'oppression, de s'élever contre un pouvoir usurpé et de défendre ses libertés attaquées, quels sont les plus grands criminels ? N'est-ce pas nous-mêmes, qui avons donné l'exemple à nos frères américains ? Prenons garde de les blâmer trop durement de l'avoir suivi... D'ailleurs vous punissez toute une province, parce qu'elle renferme quelques paroisses mécontentes ; vous châtiez jusqu'à ceux qui vous ont aidés à étouffer l'insurrection ! »

La minorité qui se prononça contre le projet des ministres dans les Communes, ne se composait que de sept ou huit membres, la moitié des députés étant alors absents. Cette opposition, cependant, obligea les ministres à restreindre les pouvoirs qu'ils voulaient conférer au gouverneur et au Conseil spécial, auxquels allait être abandonnée l'administration du Canada pendant la suspension de la constitution. Il fut décidé qu'il y aurait une nouvelle enquête sur l'état de la colonie. Lord Durham fut nommé gouverneur général et haut-commissaire royal (janvier 1838). En homme adroit et pour disposer favorablement les Canadiens, il annonça dans la Chambre des lords qu'il ferait respecter la suprématie de l'Angleterre, mais qu'il traiterait avec une égale justice tous les partis.

Au cours de ces débats, les ministres cachèrent leur but et montrèrent jusqu'à la fin une adresse qui trompa beaucoup de gens. Lord John Russell déclara que la Couronne, usant de sa prérogative, autoriserait lord Durham à faire élire dix personnes dans le Bas-Canada et un pareil nombre dans le Haut, s'il le jugeait opportun, pour lui servir de Conseil. Lord Howick, ministre de la guerre, répondant à sir Robert Peel, affecta fort d'insister sur la nécessité de rendre justice aux Canadiens. « Si je pensais que la grande masse de ce peuple fût hostile à l'Angleterre, je dirais : Voyons comment une séparation finale peut se faire sans sacrifier les intérêts des Anglais. Mais je ne crois pas à l'hostilité des Canadiens contre l'Angleterre, d'autant que notre alliance leur est plus nécessaire que la leur n'a d'importance pour nous. Si c'est pour leurs lois et pour leurs usages particuliers qu'ils combattent, entourés qu'ils sont par une population de race différente, ils subiraient, en perdant la protection de l'Angleterre, un changement beaucoup plus violent, beaucoup plus brusque, beaucoup plus général que celui qui va probablement avoir lieu. »

Il était persuadé que ceux qui préconisaient l'indépendance du Canada étaient peu nombreux ; qu'ils avaient été conduits pas à pas à cette crise, peut-être par l'espoir d'intimider leurs adversaires. Il ne désespérait point de satisfaire les deux partis ; mais il pensait que la responsabilité ministérielle était inconciliable avec la nature du gouvernement colonial. Lord Howick évita soigneusement de parler de l'union des deux Canadas. Dans tous ces débats on observa la même réserve : le gouvernement ne voulut rien dire de ses intentions ; il se renferma dans des termes généraux.

Sir William Molesworth, membre de

l'opposition, désapprouva la suspension de la constitution, mais il approuva le choix de lord Durham. « Si la violation d'une partie de la constitution, ajouta l'historien Grote, a déterminé les Canadiens à s'armer pour la défense de leurs droits, quelles ne seront pas les conséquences d'une mesure qui suspend la constitution et confisque les libertés populaires. » Warburton se déclara pour l'émancipation. « L'Angleterre a aidé, dit-il, à préparer la liberté en Grèce, en Pologne, dans l'Amérique du Sud, dans le Hanovre : pourquoi vouloir priver le peuple canadien de ce bienfait ? »

Ces idées avancées ne firent pas sortir les ministres de leur silence. Edward Ellice, qui n'était pas toujours dans leur secret, quoiqu'il fût leur ami, et qui n'avait pas, comme on sait, leur habileté, approuva la nomination de lord Durham, et conseilla de gouverner le Canada comme on gouvernait l'Irlande.

À la Chambre haute, les lords Brougham, Ellenborough, Sandon et Mansfield protestèrent contre la suspension de la constitution, parce que cette mesure extraordinaire était devenue inutile, depuis l'étouffement des troubles. Lord Ellenborough reprocha au gouvernement de vouloir unir les deux Canadas ; il s'écria que c'était là le motif qui faisait persister les ministres dans leur projet. Lord Glenelg, visé par cette apostrophe subite, se défendit hautement d'avoir une pareille intention, et déclara que le gouvernement voulait seulement modifier la constitution, l'union, d'ailleurs, ne pouvant se réaliser que du consentement des deux provinces. On croyait pouvoir en imposer d'autant plus facilement par ce langage, qu'on affectait de parler des Canadiens comme d'hommes ignorants et faciles à tromper, malgré les troubles récents, qui prouvaient du moins qu'ils savaient apprécier leurs droits et sentir les injustices.

Après beaucoup de désagréments que l'opposition fit subir au gouvernement dans les deux Chambres, et qui étaient dus au langage mystérieux qu'employaient les ministres tout en invoquant les principes de liberté, de justice, de conciliation, le Parlement accorda les pouvoirs essentiels qu'on lui demandait, et lord Durham fit ses préparatifs pour passer en Canada.

Lord Durham, tout radical qu'il était en politique, aimait beaucoup le luxe et la pompe. Il avait représenté la cour de Londres avec splendeur pendant son ambassade à Saint-Pétersbourg de 1833. Voici ce que dit de lui Guizot, qui le visita en 1840 : « M. Ellice me conduisit un jour à Putney, chez le gendre de lord Grey, lord Durham, naguère ambassadeur à Saint-Pétersbourg, puis gouverneur général des possessions anglaises dans l'Amérique septentrionale, maintenant hors des affaires et malade à la mort ; enfant gâté du monde, spirituel, populaire, encore jeune et beau, blasé sur les succès et irrité des épreuves de la vie. Nous causâmes de la Russie, de l'Orient, du Canada ; la conversation le ranimait un moment ; mais il retombait brusquement dans le silence, ennuyé même de ce qui lui plaisait, et subissant avec une fierté triste et nonchalante la maladie qui le minait comme les échecs politiques et les chagrins domestiques qui l'avaient frappé. Il m'aurait vivement intéressé si, dans son orgueilleuse mélancolie, je n'avais reconnu une

forte empreinte d'égoïsme et de vanité. »
(Histoire de mon temps, Paris, 1862, tome V).

Durham voulut éclipser en Canada par un faste royal tous les gouverneurs qui l'avaient précédé. Ses instructions sont des 2 et 13 avril 1838. Il partit le 24 pour le Canada. Le vaisseau de guerre qui devait l'amener fut meublé avec la plus grande richesse. Il y monta avec une suite nombreuse de confidents, de secrétaires, d'aides de camp, de musiciens chargés de dissiper les ennuis de la traversée. Déjà un grand nombre de personnes attachées à sa mission s'étaient mises en route ; deux régiments des gardes et quelques hussards furent embarqués sur d'autres navires. Enfin tout annonçait une magnificence inconnue dans l'Amérique du Nord. On s'empara à Québec du palais de la législature pour loger le somptueux vice-roi. Dès que la constitution avait été suspendue par le Parlement impérial, sir John Colborne avait reçu ordre de former un Conseil spécial pour expédier les affaires les plus pressantes. Ce Conseil, composé de vingt-deux membres, dont onze Canadiens français, s'assembla au mois d'avril (1838). La tranquillité paraissait établie, et l'on renvoyait les volontaires qui avaient été armés pendant les troubles.

Lorsque lord Durham atteignit Québec, le 27 mai (1838) tout était dans une paix profonde. Il débarqua deux jours après au bruit de l'artillerie, et se rendit au milieu d'une double haie de soldats, au château Saint-Louis, où il fit son installation et prêta les serments d'usage. [Lord Durham avait comme principal secrétaire, Charles Buller, un disciple de l'historien Carlyle. Le choix de ses deux autres secrétaires, Edward Gibbon Wakefield, le futur auteur du livre, *The Art colonization,* et Thomas Turton, fit scandale au Parlement anglais. Au reste, avant son départ, Durham avait demandé l'avis de Roebuck touchant les affaires canadiennes. Celui-ci lui adressa en réponse un projet de réformes pour le Bas-Canada ; mais le nouveau gouverneur n'en tint aucun compte. Ce projet a été reproduit dans l'ouvrage de Roebuck publié en 1849 sous le titre de : *The Colonies of England*].

Lord Durham voulut signaler aussitôt son avènement au pouvoir par un acte de grâce en faveur des prisonniers politiques. [Le ministre des colonies, Glenelg ne laissa point cependant de l'en blâmer]. Mais quand le gouverneur fit appeler les officiers de la Couronne afin de remplir les formalités, aucun ne se trouva présent. Il adressa au peuple une proclamation, en anglais et en français, où il tint le langage d'un homme qui se méprend sur la manière dont on doit s'exprimer en Amérique. « Ceux qui veulent sincèrement et en conscience, dit-il, la réforme et le perfectionnement des institutions défectueuses, recevront de moi, sans distinction de parti, de race ou de politique, l'appui et l'encouragement qu'ils méritent par leur patriotisme ; mais les perturbateurs du repos public, les violateurs des lois, les ennemis de la Couronne et de l'Empire britannique trouveront en moi un adversaire inflexible. » Ensuite il ajoutait : « C'est de vous, peuple de l'Amérique britannique, c'est de votre conduite et de votre coopération qu'il dépend surtout que le rétablissement de la constitution soit prochain. J'appelle donc de votre part les communications les plus franches, les plus ouvertes. Je vous prie de me considérer comme un arbitre toujours prêt à écouter vos vœux, vos plaintes, vos griefs, et bien décidé à agir avec la plus stricte impartialité... »

Ces paroles sentaient trop l'orgueil de la puissance pour plaire à tous les cœurs. Chacun avait déjà jugé de l'homme par son faste presque oriental. Il voulait persuader que tout était en lui. Il renvoya (1er juin 1838) le Conseil spécial institué par sir John Colborne, lequel avait déjà rendu trop d'ordonnances plus ou moins conformes à l'esprit du jour ; il fit savoir aux conseillers exécutifs, cause première de tous les troubles, qu'il n'avait pas besoin de leurs services pour le présent ; et il nomma lui-même, pour la forme, un Conseil exécutif et un Conseil spécial composés de son principal secrétaire, Charles Buller, du vice-amiral sir Charles Paget, du major-général sir James Macdonnell, du lieutenant-colonel Charles Grey, du colonel George Couper, de Thomas Turton et d'autres personnes de sa suite. Il y ajouta cinq juges, Daly, secrétaire de la Province et Routh, commissaire-général, parce qu'il lui fallait quelqu'un qui connût le pays (Durham to Glenelg, June 29,

1838).

Il établit ensuite diverses commissions, chargées d'ouvrir des enquêtes sur l'administration des terres incultes, l'émigration, les institutions municipales et l'instruction publique. La seigneurie de Montréal, les bureaux d'hypothèques occupèrent aussi son attention. La seigneurie de Montréal appartenait au séminaire de Saint-Sulpice, et le parti anglais voulait depuis longtemps la faire confisquer au profit de la Couronne, comme il avait déjà fait pour les biens des Jésuites et des Récollets. Lord Durham, qui savait combien il lui importait de ne pas exciter les craintes du clergé, saisit cette occasion de prouver ses bonnes dispositions à son égard, et accorda un titre incontestable aux Sulpiciens.

Une chose qui pouvait à la fois grandement l'embarrasser lui-même et irriter le public, c'était le procès des accusés politiques. Les procès politiques sont toujours mal vus par le peuple, et les gouvernements n'en sortent presque jamais sans y laisser une partie de leur popularité et quelquefois de leur force. Lord Durham, d'ailleurs, était convaincu qu'il ne trouverait des jurés disposés à condamner les accusés que parmi leurs adversaires politiques ; et il n'osa pas en entreprendre le choix. Il préféra trancher cette question malheureuse d'un seul coup et d'une manière éclatante par une amnistie générale, qu'il proclama le jour même fixé pour le couronnement de la reine Victoria (28 juin 1838). [Au vrai, à venir jusqu'au mois d'avril 1838, trois cent quarante accusés avaient été remis en liberté ; toutefois, cent soixante-quatorze autres restaient encore sous les verrous]. Durham ne fit exception que pour vingt-quatre prévenus auxquels il laissa l'espoir de rentrer dans leurs foyers aussitôt que la paix publique serait pleinement raffermie, et pour les meurtriers d'un Canadien, nommé Joseph Chartrand, et d'un officier anglais, le lieutenant George Weir, qui avaient été assassinés dans le pays insurgé, au début des troubles. Des vingt-quatre prévenus, ceux qui étaient en prison, comme le docteur Wolfred Nelson, devaient être déportés aux Bermudes, et ceux qui se trouvaient à l'étranger y resteraient jusqu'à ce qu'il fût permis aux uns et aux autres de revenir. [S'ils revenaient néanmoins au pays, ils étaient passibles de la peine de mort. Cette proscription visait Papineau, Robert Nelson, O'Callaghan, T. S. Brown, Ludger Duvernay, George-E. Cartier, parmi les plus notables. Les huit déportés s'appelaient : le docteur Wolfred Nelson, Robert Bouchette, Bonaventure Viger, Siméon Marchesseault, H. Goddu, Rodolphe des Rivières, le docteur Luc-Hyacinthe Masson, Henri-Alphonse Gauvin : ils partirent le 7 juillet (1838)]. Après le désaveu de l'ordonnance de Durham, on leur rendit la liberté. Ils se rembarquèrent en octobre (1838) et passèrent aux États-Unis. Durham ne pouvait adopter de moyen plus humain peut-être pour sortir d'une grande difficulté. Malheureusement, en exilant sans procès des citoyens, il violait les lois ; et aussitôt que cela fut connu à Londres, il s'y fit beaucoup de bruit, tant parmi ses ennemis personnels que parmi les gens qui tenaient non sans raison aux formes de la justice.

En Canada, l'amnistie fut bien reçue. On la prit à bon présage et la multitude se berça d'espérances qu'entretenaient avec art les émissaires du nouveau vice-roi. Ainsi le *Canadien* du 8 juin (1838) publiait un article d'un employé du gouverneur, Derbyshire, contre l'union des deux Canadas, en réponse aux journaux anglais de Montréal. En toute occasion, ces agents perfides revenaient sur les abus criants des administrations précédentes, sur l'ignorance et la vénalité des fonctionnaires, sur la modération des représentants du peuple, qui avaient subi si longtemps un pareil état de choses. L'un des aides de Durham, Edward-Gibbon Wakefield, fut envoyé secrètement vers Papineau. Il vit La Fontaine plusieurs fois à Montréal ; il chercha à le persuader des bonnes intentions du gouverneur, et lui laissa entendre qu'il allait voir Papineau aux États-Unis, en qualité d'ami de sir William Molesworth et de Leader, aux noms de qui il le priait de lui donner une lettre pour le chef en exil ; il attendait beaucoup de bien de cette entrevue. Il dit encore à Georges-Étienne Cartier, en passant à Burlington, que lord Durham, Charles Buller et Turton étaient les amis de ses compatriotes. Cet émissaire ne put voir Papineau. À son retour, il se trouva à des entretiens entre Buller et La Fontaine, dans lesquels on parla de la constitution et de l'ordonnance relative aux exilés. Plus tard, après le désaveu de cette ordonnance par les ministres, d'autres affidés essayèrent sans succès d'engager plusieurs Canadiens notables à convoquer des assemblées publiques pour défendre la politique de lord Durham (Lettre de La Fontaine au rédacteur de *l'Aurore* de Montréal, 17 janvier 1839.)

Tout cela se passait autant que possible à l'insu du parti anglais, auquel on tenait un autre langage.

On trouve dans l'histoire peu de faits plus honteux que les démarches de tous ces agents artificieux. Par malheur, habiles dans l'intrigue, ils pénétrèrent le fond de l'âme de beaucoup de nos politiques ; ils confirmèrent la hardiesse de lord Durham, qui bientôt n'hésita plus à frapper de mort la nationalité canadienne-française. Après avoir passé des heures et des jours entiers au milieu des Canadiens, en se disant leurs amis sincères, ils allèrent déclarer publiquement, dans les journaux de Londres, notamment Edward-Gibbon Wakefield dans le *Spectator* (22 novembre 1838), qu'ils avaient été trompés par leur conduite ; que les Canadiens ne méritaient aucune sympathie et qu'il était temps de les désabuser sur les sentiments de l'Angleterre à leur égard. Ils peignaient La Fontaine comme un homme d'une intelligence bornée, sans éducation, sans lumières, aveuglé par d'étroits préjugés.

Des rapports intimes s'étaient établis entre lord Durham et les Anglais de Montréal, qui marchaient à la tête de tous ceux du pays. S'il y avait encore de la défiance chez quelques-uns d'entre eux, les plus influents paraissaient saisis de la vraie pensée du chef du gouvernement, et l'appuyaient de tout leur pouvoir. Ils le reçurent avec de grands honneurs, lorsqu'il passa par cette ville, en juillet (1838), pour se rendre dans le Haut-Canada. Durant cette tournée, le commissaire royal rallia la majorité de la province supérieure à son plan d'union, après les explications qu'il donna aux chefs.

Mais il fallait qu'il se hâtât de jouir de ces honneurs, car bientôt des désagréments très sensibles pour lui devaient appesantir son pouvoir. Un mécontentement inexplicable était resté dans les Chambres impériales après son départ d'Angleterre. Le secret dont sa mission auprès des Canadiens était entourée, semblait y causer de l'inquiétude et comme de la honte. Tout était décidé à l'avance dans la pensée des ministres, et cependant ils feignaient d'agir comme s'ils ignoraient encore ce qu'ils allaient faire. La Chambre des lords surtout était blessée d'un système de déception qui entraînait après soi des actes illégaux de clémence et des actes légaux de tyrannie, comme l'amnistie et la création des deux Conseils, composés de serviteurs salariés de la Couronne. Lorsque l'ordonnance du Conseil spécial de lord Durham concernant les accusés politiques fut connue à Londres, elle fut désavouée aussitôt comme contraire à l'esprit anglais. [Un journal influent, le *Times,* alla même jusqu'à qualifier lord Durham de « Lord High Seditioner »]. Lord Lyndhurst, à la Chambre haute, déclara que jamais mesure plus arbitraire n'avait déshonoré les fastes d'un pays civilisé. Les ministres lui répondirent qu'en proférant des paroles aussi imprudentes il trahissait les intérêts de son pays. Lord Brougham et lord Ellenborough affirmèrent que le Conseil formé par lord Durham n'était pas ce que le Parlement impérial avait voulu établir en autorisant la création d'un Conseil spécial. On blâma l'emploi de Turton, qui avait subi une condamnation en Angleterre pour crime d'adultère. Wakefield aussi avait été le héros d'un procès déshonorant, et lord Glenelg avait cherché à dissuader lord Durham de l'employer. Il ne fallait pas que les personnes qui avaient rendu ou exécuté l'ordonnance pussent être poursuivies à raison de son illégalité. Lord Brougham présenta un bill d'indemnité (7 août 1838) ; ce bill passa en loi après de vifs débats, dans lesquels le duc de Wellington condamna la mesure de lord Durham. Les ministres se trouvèrent dans un profond embarras. Le chef, lord Melbourne, ne put s'empêcher d'avouer sa vive inquiétude à la vue des grands intérêts qui étaient en jeu et des conséquences que pourrait avoir la révocation de l'ordonnance, révocation qui serait, dit-il, interprétée comme favorable aux rebelles. Toutefois, l'ordonnance étant irrégulière, il dut conseiller à Sa Majesté de la désavouer. [Lord Durham en conséquence abrogea son ordonnance le 9 octobre 1838].

La nouvelle de ce désaveu solennel parvint en Canada au moment où lord Durham était entouré des gouverneurs et des députés de toutes les provinces anglaises de l'Amérique du Nord, venus à Québec sur son invitation pour conférer avec lui d'une union générale de ces colonies. Elle le blessa au cœur et l'humilia. Il résolut sur-le-champ de donner sa démission, et dès lors il prit moins de précaution pour cacher ce qu'il méditait au sujet des Canadiens.

À Toronto, à Kingston, à Québec, les Anglais exprimèrent par des adresses leur regret des discussions prématurées du Parlement impérial, et leur confiance dans les projets de lord Durham pour rétablir l'ordre et protéger les intérêts britanniques. Ceux de Montréal, allant plus loin, prièrent le gouverneur de recommander l'union des deux Canadas. Un violent ennemi des Canadiens français, Adam Thom, rédacteur du *Herald* de Montréal, qui était dans ses bonnes grâces, demanda une confédération de toutes les provinces, « parce qu'il y avait trop de républicains dans le Haut-Canada » ; mais sa suggestion fut repoussée. Ses discours réveillèrent les craintes du *Canadien*. Ce journal, qui soutenait l'administration, fut étonné de le voir déclarer hardiment que lord Durham voulait faire du Bas-Canada une province essentiellement anglaise.

Déjà les amis du parti anglais, à Londres, avaient envoyé aux ministres des adresses où ils approuvaient la politique de lord Durham ; et les négociants en relation avec les deux Canadas avaient renouvelé leur demande d'une union législative. Vers le même temps, à Montréal et à Québec, on brûla en effigie les lords Brougham, Glenelg et Melbourne. Les Canadiens de cette dernière ville s'assemblèrent aussitôt et votèrent des résolutions réprouvant ces outrages et remerciant lord Brougham et Leader de prendre la défense de leurs droits au Parlement impérial. Partout, à Londres, à Québec, à Montréal, le parti anglais faisait voir, par la simultanéité de ses mouvements et la concordance de ses vues, qu'il était sûr maintenant des intentions de lord Durham, et qu'enfin les Canadiens leur seraient sacrifiés. Pendant que le lieutenant-gouverneur du Haut-Canada, sir Georges Arthur, était encore à Québec, lord Durham fit part de sa retraite au peuple dans un long manifeste (9 octobre 1838). Tout en blâmant le mystère dont on avait enveloppé jusque-là les affaires les plus importantes des deux provinces, il évita lui-même de dire quels changements il proposerait d'apporter à leurs constitutions. Néanmoins il montra en cette occasion moins de réserve que de coutume. Il annonça qu'il désirait imprimer au Bas-Canada un caractère anglais, lui obtenir un gouvernement libre et responsable, et noyer les misérables jalousies d'une petite société et les odieuses animosités de races dans les sentiments élevés d'une nationalité plus noble et plus vaste. Pour les Canadiens, ces mots de liberté, de nationalité plus noble et plus vaste, signifiaient anéantissement de leur langue et de leurs lois. Lord Durham se plaignait ensuite qu'on ne lui eût pas rendu justice dans le Parlement impérial, où sa conduite avait été exposée à une continuelle critique. Il répéta dans la réponse qu'il fit le même jour aux Anglais de Québec ce qu'il avait dit dans sa proclamation : « En déposant ma charge, je ne cède à aucun sentiment de dégoût ou d'indignation qu'aurait pu éveiller en moi le traitement que m'a fait la Chambre des lords. Si j'avais pu être influencé par de pareils motifs, je me serais rembarqué dans le vaisseau qui m'a amené ici car la persécution dont je parle a commencé dès l'instant que j'ai eu quitté le rivage de l'Angleterre.

« Le vote de la Chambre des lords, auquel a acquiescé le ministère, ôte au gouvernement de cette province toute considération, toute force morale... Il l'a réduit à un rôle nul et assujetti à une branche de la législature impériale... En réalité le Canada est gouverné par deux ou trois pairs sur leurs sièges au Parlement...

« Dans ce nouvel et étrange état de choses, il n'est plus ni de votre intérêt ni du mien que je reste ici. Mon poste est là-bas. Au Parlement, je puis défendre vos droits, porter vos vœux, exposer ce qu'il y a d'impolitique dans des actes qui sont le fruit de l'animosité personnelle ou de l'esprit de parti, et qui mettent en danger le repos de ces importantes colonies et leur alliance avec l'Empire. »

Il s'embarqua pour l'Europe avec sa famille le 1er novembre (1838), laissant l'administration à sir John Colborne depuis lord Seaton. Avant son départ, il dit au corps des imprimeurs anglais de Québec : « Je regrette que votre patriotisme n'ait pas servi d'exemple aux imprimeurs canadiens... Appliqués à la tâche coupable de fomenter d'anciens préjugés et d'enflammer des inimitiés nationales, ils paraissent oublier le malheur et la ruine auxquels ils exposent certainement une nation crédule et trop disposée à prêter l'oreille à leurs conseils perfides. S'ils réussissent à produire ce résultat déplorable, c'est sur eux qu'en retombera de tout son poids la terrible responsabilité ; ils auront en effet mérité les plus durs châtiments. » Pour mieux faire connaître encore ses sentiments, il avait, avant de déposer le pouvoir, nommé James Stuart juge en chef de la province.

Pendant que ce langage et ces actes mettaient de plus en plus les mécontents en défiance, les réfugiés aux États-Unis et les Américains qui sympathisaient avec eux en profitèrent pour préparer une invasion et un nouveau soulèvement dans les deux provinces à la fois. Ils tinrent des assemblées à Washington, à Philadelphie et ailleurs, où parut Robert Nelson, frère de celui qui avait commandé les insurgés à Saint-Denis. Nelson publia une seconde déclaration d'indépendance à Napierville. Ses partisans se réunirent à New-York, à Albany et dans quelques villes des frontières, et réussirent à gagner, en multipliant les mensonges, quelques Canadiens du district de Montréal. Avant son départ, lord Durham avait eu avis que dans la seule ville de Montréal plus de trois mille hommes s'étaient liés par des serments secrets à prendre les armes. C'était une grande exagération, mais ces rapports n'étaient pas sans fondement, car, en novembre, il y eut des mouvements sur plusieurs points de la rivière Richelieu et à Beauharnois, à Terrebonne, à Châteauguay, à Rouville, à Varennes, à Contrecœur, tandis qu'un corps d'Américains et de réfugiés, sous la conduite de Nelson, pénétrait en Canada et prenait possession du village de Napierville. Sir John Colborne, qui s'y attendait, assembla le Conseil spécial, proclama la loi martiale (4 novembre 1838), arma les volontaires, fit arrêter les personnes suspectes, puis marcha, avec sept ou huit mille hommes, soldats, miliciens et sauvages, au pays insurgé, où tout était déjà rentré dans l'ordre, après quelques petits combats, lorsqu'il y parut. (Colborne to the Marquis of Normanby, May 6, 1839 ; Colborne to Glenelg, Nov. 11-17, 1838).

Ceux qui devaient prendre part au soulèvement, n'ayant ni fusils ni munitions, s'étaient armés de bâtons et de piques. Beaucoup s'étaient dirigés, un sac sur le dos, vers les points où on leur avait dit qu'ils recevraient des armes ; mais, n'y trouvant rien, ils étaient presque tous retournés sur leurs pas. Au bout de quelques jours, le pays avait repris sa tranquillité.

Sir John Colborne n'eut qu'à promener la torche de l'incendie. Il ne montra pas plus d'égard pour l'innocent que pour le coupable ; il ne laissa que des ruines et des cendres sur son passage.

Dans le Haut-Canada [où les rebelles étaient encore dirigés par William-Lyon Mackenzie], une troupe de réfugiés de cette province et d'Américains qui s'étaient joints à eux, débarqua en aval de Prescott, et s'établit dans un moulin de pierre, qu'elle fut obligée de rendre peu après aux forces considérables qui l'avaient cernée. Pendant l'hiver, d'autres petits rassemblements attaquèrent sans succès Windsor et Sandwich, près de la ville de Détroit. Le gouvernement américain s'efforçait d'empêcher ces incursions. Il avait donné la surveillance des confins de son territoire vers le Canada à deux généraux : Scott commandait depuis le Détroit jusqu'à Ogdensburg, et Worth depuis cette dernière ville, jusqu'au Nouveau-Brunswick. Mais le temps, la lassitude, la faim firent plus que leur voix pour disperser les bandes qui inquiétaient la frontière.

L'oligarchie, qui s'indignait, l'année précédente, de ce que le pouvoir n'eût pas envoyé les rebelles à l'échafaud, voulait être satisfaite cette année ; elle demandait du sang. Elle s'était fait armer avec la police dans les villes ; elle avait fait saisir toutes les armes chez les armuriers. Elle obtint la suspension de trois juges canadiens, dont deux à Québec, Elzéar Bédard et Philippe Panet, et le troisième, Vallières de Saint-Réal aux Trois-Rivières. Ces magistrats refusaient de violer la loi de l'*habeas corpus,* et trouvaient que l'ordonnance rendue par le gouverneur et le Conseil spécial pour suspendre cette loi n'était pas légale. Elle fit retrancher un grand nombre de Canadiens des justices de paix. « Pour avoir la tranquillité, disait le *Herald* de Montréal, il faut que nous fassions la solitude. Balayons les Canadiens de la face de la terre ! Dimanche soir, tout le pays en arrière de Laprairie présentait le spectacle funèbre d'une vaste nappe de flammes livides, et l'on rapporte que pas une seule maison de rebelle n'a été laissée debout. Dieu sait ce que deviendront les Canadiens qui n'ont pas péri, leurs femmes et leurs enfants, pendant l'hiver qui approche, car ils n'ont plus devant les yeux que les horreurs du froid et de la faim... Il est triste, ajoutait ce journal, d'envisager les terribles suites de la rébellion et la ruine irréparable de tant d'êtres humains, innocents ou coupables. Néanmoins il faut maintenir l'autorité des lois ; il faut que l'intégrité de l'Empire soit respectée, et que la paix, la prospérité soient assurées aux Anglais, même au prix de l'existence de la nation canadienne-française tout entière. »

Sir John Colborne, revenu de sa courte campagne, organisa sans délai des conseils de guerre, et fit commencer devant les officiers de l'armée le procès des prisonniers qu'il ramenait et des accusés qui remplissaient les prisons. Les principaux Canadiens de la ville de Montréal et des campagnes, qu'ils fussent coupables ou non, avaient été arrêtés, un grand nombre sous l'inculpation de haute trahison. À Québec, aux Trois-Rivières, où l'ordre n'avait pas été troublé, les arrestations ne cessaient pas non plus. [Du mois de novembre au 19 décembre 1838, 753 personnes avaient été appréhendées, dont 164 furent remises en liberté. En outre, de décembre à la fin de mars 1839, on comptait 815 prisonniers dans Montréal et la banlieue, et 39 autres à Québec, Trois-Rivières et dans le district de Saint-François ; ceux-ci étaient tous Anglais ou Américains. Parmi les plus notables de Montréal, on remarquait La Fontaine et Denis-Benjamin Viger].

Pendant ce temps, les cours martiales à Montréal instruisaient contre les accusés avec toute l'expédition possible. Elles en condamnèrent quatre-vingt-dix-neuf à mort. Le *Herald* était radieux. « Nous avons vu, disait son rédacteur le 19 novembre (1838), la nouvelle potence, faite par M. Bronsdon, et nous croyons qu'elle sera dressée aujourd'hui en face de la prison ; de sorte que les rebelles sous les verrous jouiront d'une perspective qui, sans doute, aura l'effet de leur procurer un sommeil profond avec d'agréables songes. Six ou sept à la fois seraient là tout à l'aise ; et un plus grand nombre peut y trouver place dans un cas pressé. » Douze des condamnés périrent sur l'échafaud, aux applaudissements de leurs ennemis accourus pour prendre part à un spectacle qu'ils regardaient comme un triomphe. Les malheureux subirent leur sort avec fermeté. On ne peut lire sans émotion les dernières lettres de l'un d'eux, Thomas de Lorimier, à sa femme, à ses parents, à ses amis, lettres où il protesta avec de nobles accents, de la sincérité de ses convictions. [Ces douze patriotes s'appelaient Joseph-Narcisse Cardinal, Joseph Duquette exécutés le 21 décembre (1838) ; Pierre-Théophile Decoigne, Joseph-Jacques Robert, François-Xavier Hamelin, les deux frères Sanguinet exécutés le 18 janvier 1839 ; Pierre-René Narbonne, Marie-Thomas de Lorimier, Charles Hindenlang, François Nicolas, Amable Daunais exécutés le 15 février 1839.]

Au surplus, soixante-huit autres Canadiens furent déportés dans les îles de l'Océanie, à Sidney, sur la côte orientale de l'Australie, d'où ils ne revinrent qu'au bout de six années, en 1845 ; et le reste des condamnés obtint sa libération moyennant un cautionnement.

Lorsque l'échafaud eut satisfait la vengeance du vainqueur dans le Bas-Canada, et dans le

Haut, où se passaient une partie des mêmes scènes, on porta les yeux vers l'Angleterre pour voir quelle idée elle prendrait des derniers événements, et comment elle recevrait lord Durham et ses suggestions pour la pacification du pays. Elle avait nommé sir John Colborne gouverneur général du Canada, qui exerça ses fonctions jusqu'au 18 octobre 1839. Il convoqua le conseil spécial en février. Le conseil siégea deux mois et fit soixante-sept ordonnances.

Cependant le duc de Wellington avait déjà jugé le dernier soulèvement et blâmé d'une manière indirecte la sévérité du pouvoir. « L'insurrection, disait-il, n'a été en soi qu'une faible sédition, renfermée dans un coin du pays ; mais elle a été accompagnée d'invasions, d'agressions contre les personnes et les propriétés des sujets de Sa Majesté, tout le long de la frontière par des habitants des États-Unis ». John Roebuck avait publié dans les journaux de Londres plusieurs lettres, où il censurait la conduite de lord Durham ; mais celui-ci, en sa qualité de chef du parti radical, ne manqua point d'amis dans la presse pour prendre sa défense. Il s'était entouré depuis longtemps de partisans salariés et de créatures, qui vantaient en toute occasion son patriotisme et ses talents. Ils se mirent tous à louer l'énergie qu'il avait déployée dans sa difficile mission, et à élever bien haut le Rapport qu'il venait de présenter aux ministres. [Ce document de première importance, déposé devant le Parlement anglais le 11 février 1839, s'intitulait : *Report on the affairs of British North America from the Earl of Durham, Her Majesty's High Commissioner*, London, January 31, 1839].

Ce Rapport, excessivement long, mais écrit avec beaucoup de soin et d'art, n'était qu'un plaidoyer spécieux en faveur de l'anglicisation, encore qu'il approuvât les principes que la Chambre d'assemblée avait défendus. Lord Durham disait que son séjour parmi les Canadiens avait changé complètement ses premières idées sur l'influence relative des causes auxquelles il fallait attribuer les maux présents. Il s'était attendu à trouver un gouvernement en lutte avec un peuple, et il avait trouvé deux nationalités se faisant la guerre au sein d'un même État, non pas une guerre de principes, mais une guerre de races ; l'une éclairée, active, entreprenante ; l'autre ignorante, inerte et aveuglément soumise à des chefs qui suivaient d'étroits préjugés. « Tel est, disait-il, le déplorable conflit qui divise depuis si longtemps le Bas-Canada, et qui a pris un caractère formidable. »

« Les querelles de races, déjà cause des plus grands maux, seraient aggravées par tout changement qui donnerait à la majorité actuelle plus de pouvoir qu'elle n'en a possédé jusqu'à présent. Il faut que le plan que l'on adoptera pour assurer au Bas-Canada l'ordre de choses désirable, porte le moyen de mettre un terme à ces funestes rivalités dans la législature, en fixant pour toujours le caractère national de la province. Ce caractère à lui imprimer, c'est celui de l'Empire britannique, c'est celui de la nation puissante qui, à une époque peu éloignée, dominera dans toute l'Amérique septentrionale. Sans agir trop brusquement, de peur de heurter les sentiments et de sacrifier le bien-être de la génération actuelle, le gouvernement britannique doit dès ce moment se proposer avant tout d'établir dans le Bas-Canada une population anglaise, avec ses lois et sa langue, et de n'y remettre le soin des intérêts publics qu'à une législature essentiellement anglaise.

« On dira peut-être que cette mesure est dure à un peuple conquis ; et que les Français du Bas-Canada, après en avoir été, au commencement, les seuls habitants d'origine européenne, font encore aujourd'hui le gros de la population de cette province ; que les Anglais sont *nouveaux venus*, et n'ont aucun droit de demander que l'on dénationalise le peuple au milieu duquel les a conduits leur esprit de commerce. On pourrait dire que si les Canadiens français ne sont pas une race d'hommes aussi avancée, aussi énergique, aussi apte à amasser des richesses que celle qui les environne, du moins sont-ils un peuple aimable, vertueux, possédant l'essentiel du bien-être matériel ; et qu'ils ne doivent pas être méprisés ou maltraités, parce qu'ils se contentent de jouir de ce qu'ils ont sans envier l'esprit d'accumulation qui anime leurs voisins. Après tout, la nationalité est un héritage ; et il ne faut pas les punir d'avoir fait ce rêve de perpétuer, sur les bords lointains du Saint-Laurent, la langue, les coutumes, les institutions qu'ils ont reçues de la grande nation qui, depuis deux siècles, donne, pour ainsi parler, le ton à la pensée dans tout le continent de l'Europe. Enfin on peut dire que si les querelles de races ne pouvaient pas s'accommoder, la justice voudrait que la minorité se pliât aux lois de la majorité, et ne prétendit point lui imposer ses propres institutions et ses propres usages.

« Mais avant de donner à une race la supériorité sur l'autre, demandons-nous laquelle des deux est destinée vraisemblablement à prévaloir avec le temps ; car il ne serait pas sage d'établir aujourd'hui un ordre de choses exposé à être renversé demain, après une lutte opiniâtre.

« La prétention des Canadiens-français à la possession exclusive du Bas-Canada aurait pour conséquence de fermer à la population anglaise des townships et du Haut-Canada, déjà plus nombreuse que la leur, l'accès au grand canal du commerce, de ce commerce qu'elle seule a créé et qu'elle entretient. La possession de l'embouchure du Saint-Laurent intéresse non seulement l'étroite ligne d'établissements qui le borde, mais aussi tous les établissements formés dans les autres parties du vaste bassin de ce fleuve, ou qui peuvent s'y former : il faut penser à l'avenir. Quelle est donc celle des deux races qui, selon toute probabilité, va transformer en pays populeux et florissant le désert de ces immenses et riches contrées qui entourent le territoire relativement resserré où habitent les Canadiens-français ? Si, comme le reste de l'Amérique septentrionale, le domaine britannique doit se remplir d'habitants par une voie plus prompte que celle de l'accroissement ordinaire et naturel du premier fonds de population, il sera certainement peuplé par des émigrations sorties des Îles Britanniques et des États-Unis car ces pays sont les seuls qui lui fournissent et lui fourniront jamais des colons en grand nombre. Il n'est pas possible qu'on leur ferme le passage par le Bas-Canada, ni même qu'on les empêche de fixer leur demeure dans cette province. Ainsi, l'intérieur des terres, de tous côtés, devra se remplir de populations anglaises, dont la supériorité numérique sur le groupe franco-canadien deviendra plus grande d'année en année. Cela étant, serait-il juste que les progrès d'un pays de si vaste étendue, que la prospérité de cette majorité toujours croissante, fussent arrêtés ou contrariés, même pour un temps, par l'obstacle artificiel que pourrait élever entre elle et l'Océan les lois, la civilisation arriérée d'une partie, oui, d'une partie seulement du Bas-Canada ? Est-il à supposer que les populations anglaises se soumettent jamais à un tel sacrifice de leurs intérêts ?...

« Je serais bien étonné que les plus réfléchis parmi les Canadiens-français eussent encore l'espérance de conserver leur nationalité. Quelque résistance qu'ils fassent, l'absorption de leur race est déjà commencée. Notre langue se propage comme fait tout naturellement la langue des employeurs et des riches. Il paraît, d'après les quelques statistiques fournies au commissaire de l'enquête sur l'instruction publique, que, dans Québec, il y a dix fois autant d'enfants français qui apprennent l'anglais que d'enfants anglais suivant des leçons de français. L'assimilation, sans doute, sera lente ; et jusqu'à ce qu'elle soit consommée, la justice et une sage politique conseillent également de ne prendre, pour amener les Canadiens français à renoncer à leur langue maternelle, aucun moyen de rigueur ; ce serait leur retirer la protection des lois. Mais, je le répète, il faut entreprendre dès à présent de changer le caractère national de la province, et poursuivre avec fermeté, quoique avec prudence. Faire du Bas-Canada une province anglaise, telle doit être la fin première du plan à choisir pour son futur gouvernement. La nécessité de confier l'autorité supérieure à la population anglaise est évidente, surtout en ce moment où il y a de l'agitation, et encore pour longtemps, parmi les Canadiens français. Leur laisser en effet tout contrôle sur la province, ce serait faciliter les entreprises contre l'ordre établi. Il importe que le Bas-Canada soit désormais gouverné par l'esprit anglais. Et ainsi la politique qui nous est imposée par la conjoncture présente, comme on voit, se trouve conforme à celle que suggère d'abord la vue de l'accroissement futur du pays...

« Il y a, disait encore lord Durham, deux

manières de traiter un peuple conquis : on respecte ses lois, ses institutions, sa nationalité, et sans favoriser particulièrement les émigrés de la race conquérante dans le pays, sans entreprendre de changer les éléments de la société, on consolide sous l'autorité du gouvernement central l'ordre de choses établi ; ou l'on traite le pays comme un champ ouvert, on y encourage l'immigration, on regarde le peuple conquis comme subordonné en tout à ses vainqueurs, et on s'efforce d'en assimiler le caractère et les institutions aux leurs. » Dans un pays ancien, c'est la première manière qu'il faut suivre ; mais, dans un pays nouveau, on doit préférer la seconde. Malheureusement, la révolution américaine avait empêché de s'attacher à celle-ci en Canada, où la nationalité des habitants avait été conservée comme un obstacle aux progrès de leurs voisins. Les choses, depuis, ayant changé d'état, on devrait maintenant y revenir. Tel était le raisonnement, sinon écrit, du moins implicite, du représentant de l'Angleterre dans le Rapport qu'il présentait à sa souveraine.

À l'égard des luttes entre le gouvernement et

la Chambre d'assemblée, il justifie cette dernière en attribuant ses refus de voter la liste civile à sa fermeté dans la résolution de ne point renoncer au seul moyen qu'elle eût de soumettre les fonctionnaires publics à quelque responsabilité.

« C'est, continue-t-il, une vaine illusion que de s'imaginer que de simples restrictions apportées dans la constitution, ou qu'un système exclusif de gouvernement, puisse amener une Assemblée, forte de la conviction d'avoir pour elle l'opinion de la majorité des citoyens, à regarder telle et telle partie du revenu public comme absolument hors de son contrôle, et à se réduire à la simple fonction de faire les lois, en restant ensuite spectatrice passive ou indifférente de la mise à exécution ou en oubli de ces mêmes lois, ou du maniement des affaires publiques par des hommes dans les intentions ou la capacité desquels elle n'aurait pas la plus légère assurance... L'Assemblée du Bas-Canada peut bien rejeter ou recevoir des lois, elle peut voter ou refuser les subsides ; mais elle ne peut exercer aucune influence sur le choix des serviteurs de la Couronne. Le Conseil exécutif, tous les chefs de département de l'administration provinciale et les officiers judiciaires sont nommés sans la moindre attention aux vœux du peuple ou de ses représentants. » De là ces luttes entre le gouverneur et les députés, que les membres du Conseil législatif regardaient comme leurs ennemis. « Du reste, l'entière séparation du pouvoir législatif et du pouvoir exécutif est l'erreur naturelle des gouvernements qui veulent s'affranchir du contrôle des institutions représentatives... Depuis le commencement jusqu'à la fin des dissensions qui remplissent l'histoire parlementaire du Bas-Canada, je vois, ajoutait Durham, que l'Assemblée a toujours été en guerre avec le Conseil pour des pouvoirs qui lui sont essentiels d'après la nature même du gouvernement représentatif. »

Lord Durham serait favorable à l'union législative de toutes les provinces de l'Amérique du Nord ; mais elle nécessiterait une centralisation qui répugne à l'esprit des peuples du Nouveau Monde. Il voit cependant un moyen d'arrangement : on pourrait conserver les assemblées de provinces, en limitant leurs attributions à l'exercice de pouvoirs municipaux seulement, ou plutôt instituer des assemblées d'arrondissements plus petits. Il conseillerait sans hésiter une union générale immédiate, si le cours du gouvernement était arrêté ou troublé dans les provinces maritimes, ou si l'on avait eu le temps de consulter leurs Chambres. Pour le moment, il propose de réunir sous un seul gouvernement les deux Canadas, en donnant à chaque province une représentation proportionnée à la population. Lord Durham disait à ce propos : « Je suis opposé, écrit-il, à tous les plans que l'on propose pour attribuer aux deux provinces le même nombre de représentants, dans le but d'obtenir la supériorité sur les Français : cet avantage, en effet, ne pouvant être que temporaire. Quand la population du Haut-Canada se sera augmentée par l'immigration, le principe de l'égalité de représentation ne deviendrait-il pas un obstacle à ce dessein même auquel on veut le faire servir ?... »

D'autre part, lord Durham suggérait de réviser la constitution de la Chambre haute ; d'abandonner à la législature tous les revenus de la Couronne, moins celui des terres publiques, pour une liste civile suffisante ; de rendre tous les fonctionnaires du gouvernement comptables à cette législature, excepté le gouverneur et son secrétaire ; d'assurer l'indépendance des juges, et enfin de mettre à la tête des divers départements des ministres tenus de régir les affaires publiques suivant le vœu de la majorité des Chambres.

Tel est le plan auquel lord Durham s'est arrêté, et qu'il soumet à la métropole comme étant de tous ceux qui lui ont été proposés le plus propre à rétablir l'ordre, l'harmonie et la paix. Il y avait des gens qui voulaient frapper tous les Canadiens français d'interdiction en les privant des droits de vote et d'éligibilité. D'autres voulaient une union soit des deux Canadas, soit de toutes les provinces avec une seule législature, et qu'on réduisît le nombre des députés de race française à un chiffre nominal. D'autres encore proposaient un régime fédéral. À son arrivée à Québec, lord Durham penchait beaucoup pour ce dernier projet, et ce fut dans ce sentiment qu'il conféra avec les envoyés des provinces maritimes et plusieurs hommes marquants du Canada, qu'il avait mandés près de lui, sur une mesure qui embrassait toutes les colonies. Il lui paraissait alors qu'une confédération conduirait insensiblement à une union législative pure et simple ; mais, après quelque séjour dans le pays, connaissant mieux la disposition des esprits, il avait changé d'opinion.

Les ministres adoptèrent à peu près toutes les conclusions de son Rapport. Contre son avis cependant, et d'après la volonté de la population anglaise du Canada, ils attribuèrent dans leur projet un égal nombre de députés aux deux provinces ; seulement, par suite de nouvelles modifications apportées aux circonscriptions électorales, les Anglais étaient sûrs d'élire le plus grand nombre de représentants. Pour rassurer un peu les Canadiens français, au moins sur l'avenir, les ministres introduisirent une clause portant que la Chambre d'assemblée canadienne ne pourrait changer le chiffre des députés qu'avec le consentement des deux tiers de ses membres. Mais en 1854, un député à l'Assemblée du Haut-Canada, Henry-John Boulton, étant à Londres, et profitant de l'occasion d'une loi qu'on allait passer pour rendre élective notre Chambre haute, fit révoquer cette clause par le Parlement impérial. Augustin-Norbert Morin, qui était alors un des membres du ministère de Hincks, nous a assuré qu'il n'en avait pas été prévenu, et qu'il avait appris par les journaux ce changement si important pour les Canadiens.

La *Colonial Association* de Londres ne fut pas satisfaite de ce sacrifice imposé aux Canadiens français. Elle voulait encore les priver de tout droit politique, en leur ôtant jusqu'à celui de voter aux élections, et de plus elle s'opposait au système de la responsabilité ministérielle. [Il convient de dire qu'aux yeux des hommes d'État anglais à cette époque, ce principe essentiel n'avait pas de raison d'être dans le gouvernement d'une colonie britannique.] On repoussa donc ces prétentions. Et le premier ministre, lord Melbourne, soumit au Parlement, le 3 mai 1839, un message de la reine Victoria qui recommandait l'union des deux Canadas. Cette mesure fut retardée par suite de la démission du cabinet à l'occasion d'une loi concernant la Jamaïque. Il avait une majorité si faible qu'il n'osait plus compter sur l'appui des Chambres. Néanmoins ses craintes disparurent : lord Melbourne reprit en main le pouvoir, et le 3 juin, lord John Russell, à ce moment ministre de l'intérieur, déposa un bill pour unir les deux Canadas. Après la deuxième lecture et l'adhésion de sir Robert Peel et de Joseph Hume, le projet fut ajourné à la session suivante, afin qu'on eût le temps d'aplanir dans l'intervalle certaines difficultés qui surgissaient en Amérique. [Du reste, le Haut-Canada n'était pas sans s'opposer pareillement à l'union des deux Canadas. Aussi sir John Beverley Robinson, juge en chef de cette province, qui se trouvait alors à Londres, avait-il écrit à lord John Russell pour combattre le projet. Ajoutons que la province de la Nouvelle-Écosse s'était prononcée dans le même sens].

Quant au Bas-Canada, on continua le Conseil spécial. Charles-Poulett Thomson, membre du gouvernement en qualité de président du Board of Trade, depuis lord Sydenham, et qui était un réformateur radical, fut envoyé à Québec comme gouverneur pour faire disparaître les obstacles. Il arriva dans cette ville le 19 octobre (1839), et sir

John Colborne repartit le 23 pour l'Angleterre. Lord Sydenham se rendit à Montréal, où il convoqua hâtivement le Conseil spécial pour le 11 novembre. Il lui fit approuver le projet d'union législative. Trois membres seulement votèrent contre : Neilson, Cuthbert et Quesnel (13 novembre). Le gouverneur, afin de rassurer le clergé catholique, proposa une ordonnance confirmant le séminaire de Saint-Sulpice dans sa qualité de communauté ecclésiastique et dans ses titres aux trois seigneuries de l'île de Montréal, du lac des Deux-Montagnes et de Saint-Sulpice ; cette ordonnance passa en loi l'année suivante. Il se transporta ensuite dans le Haut-Canada, et, le 3 décembre, ouvrit les Chambres à Toronto. Sa mission était surtout de leur faire accepter le rapport de lord Durham, lequel ne s'accordait pas avec certaines résolutions votées par elles. Elles avaient demandé que le siège du gouvernement fût fixé dans le Haut-Canada, que les trois comtés inférieurs du district de Québec fussent annexés au Nouveau-Brunswick, que le Bas-Canada eût moins de députés que le Haut dans le parlement, qu'après 1845 les comtés en seigneuries n'y fussent plus représentés, que l'usage officiel de la langue française fût interdit, et que la dette du Haut-Canada, qui dépassait un million de livres sterling, fût payée par les deux provinces réunies, quoique le Bas-Canada n'eût qu'une petite dette. Thomson devait leur dire que les ministres étaient tellement persuadés de l'opportunité du projet, qu'il avait ordre de dissoudre l'Assemblée, si elle ne recevait pas ses ouvertures dans un esprit convenable. Il était chargé de nommer, s'il le jugeait nécessaire, des personnes influentes pour préparer les conditions de l'union (Russell to Poulett Thomson, Sept. 7, 1839).

Dans une dépêche du 14 octobre, lord John Russell, devenu ministre des colonies, argumentant contre l'introduction de la responsabilité ministérielle dans les colonies, citait quelques faits survenus dans la Chambre d'assemblée du Bas-Canada, qui avait été la première à la demander, et représentait la majorité de ses membres comme un parti rebelle.

Les Chambres du Haut-Canada furent saisies de la question, dès l'ouverture de la session (3 décembre 1839). Les débats se prolongèrent mais le gouvernement finit par l'emporter, et le projet d'union fut approuvé à peu près dans la forme désirée par l'Angleterre. Il n'est pas besoin de dire que la population française protesta, avec tout le clergé catholique, contre cette mesure sur laquelle elle n'avait pas été consultée ; car le Conseil spécial était composé d'hommes nommés par la Couronne, et si bien ses créatures que parmi les cinq Canadiens français qui en faisaient partie, deux seulement avaient voté contre le gouvernement.

Nous rappellerons ici que le gouverneur avait fait prier John Neilson de le venir voir ; il voulait le consulter sur les affaires du pays et surtout sur l'union. Neilson lui dit que cette dernière mesure mécontenterait un très grand nombre de citoyens et en satisferait peu, puisqu'elle avait pour objet d'opprimer les Canadiens français. Le gouverneur, le voyant continuer sur ce ton, lui dit : « Vous êtes donc opposé à l'union ? – Oui, répondit Neilson. – Alors nous ne pourrons pas nous entendre, répliqua l'agent proconsulaire. » (Notre auteur tenait cette information de Neilson lui-même).

Quarante mille signatures couvrirent les pétitions des districts de Québec et des Trois-Rivières au Parlement impérial. Cependant, dans le district de Montréal, faute d'entente chez les citoyens, il ne fut pas envoyé d'adresse de protestations. Le gouverneur se hâta de mettre lord John Russell en garde contre ces pétitions, en disant que le nombre des signatures n'était pas aussi considérables qu'on s'y était attendu ; que l'assemblée des Anglais, qui avait eu lieu à Québec en faveur de l'union, avait exprimé les sentiments de la très grande majorité de la population fidèle à l'Angleterre ; que le clergé s'était formé une fausse idée des choses, et qu'il lui paraissait désirer au fond le maintien du Conseil spécial, quoiqu'il demandât le rétablissement de la constitution de 1791 (Dépêches de novembre 1839, et janvier 1840).

Après l'approbation donnée par la législature du Haut-Canada et par le Conseil spécial du Bas, [lord John Russell présenta de nouveau son projet d'union des deux Canadas, le 23 mars 1840]. Les

Communes l'adoptèrent presque sans discussion ; Hume, sir Robert Peel, Gladstone y accédèrent ; il n'y eut que six voix, influencées par O'Connell, pour le rejeter. La langue anglaise fut seule reconnue pour langue parlementaire. La mesure trouva des contradicteurs plus opiniâtres dans la Chambre des lords, où lord Gosford, le duc de Wellington et plusieurs autres membres la combattirent. Lord Ellenborough s'opposa au bill parce qu'il était fondé sur une défiance chimérique de la population française et sur une confiance aveugle dans toute la population d'origine britannique, et parce que, disait-il, les changements apportés à l'état de la représentation du Bas-Canada étaient tout à fait injustes, ayant pour but d'augmenter la disproportion entre la représentation de la population anglaise et celle de la population française. Si l'on voulait priver les Canadiens français de toute participation effective au gouvernement représentatif, il valait mieux le faire ouvertement que de chercher à établir un gouvernement permanent sur une division du suffrage que le monde entier regarderait comme une « fraude électorale ». Ce n'était pas dans l'Amérique du Nord qu'on pouvait en imposer aux hommes par un faux semblant de gouvernement représentatif, ou leur faire accroire qu'ils n'étaient qu'en minorité de suffrages, lorsqu'en réalité ils étaient défranchisés. L'union des deux provinces était imposée à l'une par défiance de son loyalisme, sans son consentement et à des conditions qu'elle devait trouver injustes, et acceptée par l'autre, moyennant des avantages fiscaux et la prépondérance législative.

Lord Melbourne insista sur la nécessité d'étouffer le mécontentement qui avait éclaté dans les deux provinces. C'était, dit-il, des discordes et des divisions intestines qui avaient fait perdre à l'Angleterre, au milieu du XVe siècle, le beau territoire qu'elle possédait en France et qu'elle tenait de ses princes normands, et, au XVIIIe, les États-Unis. Le duc de Wellington lui répondit qu'il fallait attendre, pour prendre une décision finale, que les provinces se fussent calmées, et que dans les États-Unis il y eût moins de disposition à les encourager à la révolte. Il fallait bien réfléchir avant d'établir une législature composée de personnes de trois ou quatre nations et de douze religions différentes. Il désapprouva les moyens que le gouvernement avait employé pour obtenir le consentement des Chambres du Haut-Canada. On s'était assuré du concours des membres tories en publiant une dépêche intimidante de lord John Russell du 16 octobre au sujet des fonctionnaires, et de l'appui des républicains en supprimant une autre dépêche du 14 octobre de lui, contraire à l'opinion des partisans du gouvernement responsable. Lord Brougham était convaincu que quand le Canada se détacherait de l'Empire britannique, ce qui devait arriver tôt ou tard, cette séparation serait due à la manière dont on allait établir l'union politique des deux provinces, et qu'elle aurait lieu dans des circonstances telles que les parties se quitteraient ennemies.

Lord Gosford se leva ensuite. Ses paroles devaient avoir d'autant plus de poids qu'il avait été gouverneur général du Canada pendant plus de deux ans (1835-38), et qu'il connaissait les sentiments de la population et la force des partis. « Je regarde, dit-il, l'union comme une entreprise très dangereuse. Si ceux qui l'appuient le font parce qu'ils croient la population française en état de résistance organisée contre le régime britannique, ils sont dans la plus grande erreur. Pour moi, je crois que Sa Majesté n'a point dans ses colonies de peuple qui désire davantage, par inclination autant que par intérêt, demeurer dans l'alliance et l'amitié de l'Angleterre... On a beaucoup parlé de ce qu'on appelle la révolte, l'insurrection récente ; ce sont là des mots qui sonnent haut, et qui sont très utiles aux intérêts de ceux qui leur donnent cours. Quelque disposé que je sois à réprouver toute espèce de sédition et de troubles civils, il me semble que la justice nous impose le devoir de considérer de plus près le véritable état des choses avant d'appliquer aux événements qui se sont passés en Canada ces qualifications propres à exciter de funestes préjugés. La partie du Bas-Canada qui a été agitée par des troubles ne comprend guère qu'une petite section du district de Montréal, située sur la rivière Richelieu. Or quel était son état politique avant le soulèvement ? Elle était déchirée par les divisions les plus violentes et les plus haineuses, à la suite d'élections disputées avec acharnement ; l'esprit de parti, comme il arrive toujours en cas pareil, était monté au plus haut degré d'exaspération, et n'a pas peu contribué à ce qui est arrivé. À l'appui de mes paroles, je vais citer un fait concluant. Le seul endroit, au nord du Saint-Laurent, où il y eut des troubles, est le comté du lac des Deux-Montagnes. Eh bien ! ce comté se trouvait justement, par la violence des luttes électorales, dans les mêmes circonstances que les bords de la rivière Richelieu... Il y a, surtout à Montréal et dans ses environs, une certaine classe d'Anglais, à qui tous les hommes libéraux et indépendants ne peuvent qu'être hostiles, et dont les actes et la conduite ont été caractérisés par un esprit de domination insupportable ; ils ont toujours aspiré à posséder le pouvoir et le patronage à l'exclusion des habitants d'origine française. C'est à eux principalement qu'il faut attribuer les troubles et les animosités. Pour montrer quel esprit les anime, je n'ai qu'à rapporter à vos seigneuries une de leurs premières démarches après mon arrivée en Canada. À une assemblée qu'ils avaient convoquée, la résolution fut prise de lever un corps militaire sous le nom de *British Rifle Corps,* et une de leurs règles fut que les soldats éliraient leurs officiers. À la première occasion, je leur fis des remontrances d'une manière amicale ; mais ce fut en vain ; et je dus ordonner la dissolution du corps par une proclamation, m'étant assuré, en consultant les hommes de loi de la Couronne, que sa conduite était illégale et inconstitutionnelle... Une section intéressée et violente du parti mercantile ne cessait alors de représenter délibérément les choses sous de fausses couleurs, dans le dessein d'induire ses amis en Angleterre à seconder ses vues de domination ; et ce sont les faussetés ainsi débitées et répandues qui ont amené les malheurs de ces dernières années. Tant que ce parti sera encouragé et soutenu, la méfiance et le mécontentement régneront au Canada. Mais je suis heureux d'avoir à le dire : ces remarques ne s'appliquent qu'à une petite partie de la population anglaise de Montréal et de ses environs, et à quelques particuliers de Québec. Nombre d'Anglais ont souvent, dans les termes les plus énergiques, réprouvé la violence de ceux dont je parle. Une autre chose remarquable aussi, c'est que quand les troubles éclatèrent, la populace (car je puis presque l'appeler ainsi), la populace qui y prit part n'était pas commandée par des Canadiens français. À Saint-Denis, elle avait à sa tête un Anglais, Wolfred Nelson ; à Saint-Charles, un Thomas Storrow Brown, moitié Anglais, moitié Américain ; à Saint-Benoît, un Suisse. Il n'y eut de prises d'armes que dans une partie du district de Montréal. Dans le reste de ce district, dans les quatre autres du Bas-Canada : Gaspé, Saint-François, Québec et les Trois-Rivières, tout demeura tranquille, et les autorités civiles y conservèrent toute leur force. Les séditions furent complètement réprimées en trois semaines ; et il me vint de toutes parts des adresses, blâmant, désavouant la conduite et la violence de quelques hommes égarés, et m'assurant de la bonne volonté du peuple envers le gouvernement. La paix et la tranquillité étaient rétablies avant mon départ. Mais le parti qui voulait écraser la population française n'y trouvait pas son compte.

« Convaincu de l'exactitude de ce que je viens de dire, je ne puis m'empêcher de regarder la réunion des deux provinces comme un acte des plus injustes et des plus tyranniques ; car elle va priver la province inférieure de sa constitution, pour le fait de quelques hommes mal intentionnés, et la livrer, en noyant la population française à ceux qui, sans cause, lui ont montré tant de haine. Ce projet de loi porte cela en effet. Vous donnez à trois ou quatre cent mille habitants la même représentation qu'au Bas-Canada, dont la population est d'au moins sept cent mille âmes ; et ensuite vous imposez la dette de la province supérieure, laquelle excède, dit-on, un million de livres sterling, à une province qui n'a encore aucune dette. Peut-il y avoir rien de plus arbitraire et de plus contraire à la loi de l'équité ? Je le répète, et j'y insiste, tout cela, tout cet arrangement est le fruit d'une intrigue mercantile. J'affirme que la population française désire et veut vivre sous notre protection, dans notre alliance ; et que la majorité des habitants des deux Canadas est opposée à l'union... Et je ne puis consentir à une mesure suggérée, je le crois en conscience, sur de faux avis et fondée sur l'injustice... »

Nous avons cité une grande partie du discours de ce gouverneur parce qu'il respire la justice et la vérité, et parce qu'il sert à nous faire mieux connaître les motifs secrets de la politique du bureau des colonies, de tout temps l'ennemi plus ou moins déclaré des Canadiens français.

L'aristocratie anglaise ne vota pour la mesure qu'à contrecœur et parce que le parti marchand, qui a toujours eu une grande influence sur la politique coloniale, la demandait. Le Haut-Canada devait un million à la maison Baring, de Londres, et se trouvait à la veille de faillir à ses obligations. Cette maison puissante fit tous ses efforts pour engager le Parlement à consentir à l'union afin d'assurer sa créance. Beaucoup de commerçants, de capitalistes et peut-être de membres du Parlement, y étaient intéressés. Contre tous ces motifs personnels, ajoutés aux préjugés nationaux, la cause des Canadiens français devait succomber. Dans l'Acte d'union il est expressément stipulé qu'après les frais de perception payés, la première charge du revenu du Canada sera l'intérêt de la dette publique. Le traitement du clergé et la liste civile ne viennent qu'après. D'après un état soumis aux Chambres en 1847, il appert qu'au moment où fut inauguré le régime de l'union, la dette du Bas-Canada était de 96 748 liv. ster. et celle du Haut-Canada montait à 1 398 855 liv. ster.

L'Actes d'union, sanctionné par la reine le 23 juillet (1840), mit fin à la constitution de 1791, faite surtout pour soustraire la population anglaise du Haut-Canada à la domination des Canadiens français, et révoquée en 1840 pour placer ceux-ci sous la domination de la population anglaise, qui devenait chaque jour plus nombreuse par suite de l'immigration.

L'union fut proclamée en Canada le 10 février 1841, [Poulett Thomson, créé lord Sydenham et Toronto, entra en fonction, le même jour, comme gouverneur-général des deux Canadas. Il ouvrit le premier parlement à Kingston, le 15 juin 1841. Le siège du gouvernement fut transporté de Kingston à Montréal en 1844, à Toronto en

1849 ; mais la législature se tint alternativement à Toronto et à Québec, et enfin, en 1857, à Ottawa, depuis lors la capitale du Canada.]

Par le régime de l'union, l'Angleterre suivait son dessein politique de fondre graduellement en un seul peuple homogène les différentes races qui habitaient les deux Canadas. Nulle nation n'est plus habile qu'elle dans cette opération difficile. Elle a l'expérience des siècles pour l'éclairer. N'a-t-elle pas absorbé d'abord la nationalité de ses propres conquérants, les Normands français, ensuite celle des Écossais, et puis celle des Irlandais ? Elle ne se précipite pas dans ses mouvements ; elle procède avec précaution et avec lenteur en employant tous les moyens nécessaires pour capter l'amour-propre ou la confiance, pour attirer l'ambition ou la vénalité. Elle a toujours été persuadée qu'à l'aide de l'or et des places, les races moins nombreuses soumises à son joug devaient finir par être enveloppées et par disparaître dans l'orbite toute-puissante de la nationalité de ses propres enfants.

Si nous interrogeons son histoire, voici ce que

nous trouvons. « Le français, dit Augustin Thierry, était encore en Angleterre, à la fin du XIVe siècle (c'est-à-dire trois siècles après Guillaume le Conquérant), l'idiome officiel de tous les corps politiques ; le roi, les évêques et les juges, les comtes et les barons, le parlaient, et c'était le langage que les enfants des nobles apprenaient au sortir du berceau... Il y avait déjà plusieurs années qu'un statut d'Edouard III avait, non pas ordonné, comme plusieurs historiens l'ont écrit, mais simplement permis de plaider en anglais devant les tribunaux civils. La multiplicité toujours croissante des affaires commerciales et des procès qui en résultaient avait rendu ce changement plus nécessaire sous ce règne que sous les précédents, où les parties, lorsqu'elles n'entendaient pas la langue française, étaient forcées de demeurer étrangères aux débats. Mais, dans les procès intentés à des gentilshommes devant la haute cour du Parlement, qui jugeait les crimes de trahison, ou devant les cours de chevalerie, qui décidaient dans les affaires d'honneur, l'ancienne langue officielle continua d'être employée. De plus, l'usage se conserva, dans tous les tribunaux, de prononcer les arrêts en langue française, et de rédiger dans la même langue les registres, qu'on appelait *Records*. En général, c'était l'habitude ou la manie des gens de loi, de tous les ordres, même lorsqu'ils parlaient anglais, d'employer à tout propos des paroles et des phrases françaises : Ah ! sire je vous jure ! Ah ! de par Dieu ! À ce j'assente, et d'autres exclamations, dont Chaucer ne manque jamais de bigarrer leurs discours, lorsqu'il en met quelqu'un en scène.

« C'est durant la première moitié du XVe siècle que l'anglais, prenant par degrés plus de faveur comme langue littéraire, finit par remplacer entièrement le français, excepté pour les plus grands seigneurs, qui, avant d'abandonner tout à fait l'idiome de leurs ancêtres, se plurent également aux ouvrages écrits dans les deux langues. Le signe de cette égalité à laquelle venait de s'élever la langue des bourgeois se trouve dans les actes publics, qui, depuis l'année 1400 ou environ, paraissent alternativement et indifféremment rédigés en français et en anglais. Le premier acte de langue anglaise de la Chambre basse du Parlement porte la date de 1425 ; on ne sait si la Chambre haute conserva plus longtemps l'idiome de l'aristocratie et de la conquête ; mais, depuis 1450, on ne rencontre plus de pièces françaises dans la collection imprimée des actes publics d'Angleterre. Cependant quelques lettres écrites en français par des nobles, et quelques épitaphes françaises, sont postérieures à cette époque. Certains passages des historiens prouvent aussi que, sur la fin du XVe siècle, les rois d'Angleterre et les seigneurs de leur Cour savaient et parlaient bien le français ; mais, depuis lors, cette connaissance ne fut plus qu'un mérite individuel, et non une sorte de nécessité attachée à la naissance. Le français ne fut plus la première langue bégayée par les enfants des nobles ; il devint simplement pour eux, comme les langues anciennes et celles du continent, l'objet d'une étude de choix et le complément d'une éducation distinguée.

« C'est ainsi qu'environ quatre siècles après la

conquête de l'Angleterre par les Normands disparut la différence de langage, qui, avec l'inégalité de condition sociale, avait marqué la séparation des familles issues de l'une ou de l'autre race. Cette fusion complète des deux idiomes primitifs, signe certain du mélange des races, fut peut-être accélérée au XVe siècle par la longue et sanglante guerre civile des maisons d'York et de Lancastre » *(Histoire de la conquête de l'Angleterre par les Normands,* tome II, éd. 1851, p. 402).

Il fallut donc plusieurs siècles pour éteindre la langue française en Angleterre, et Guillaume de Normandie [avait à peine cinq ou six mille] hommes avec lui lorsqu'il en fit la conquête.

Pour l'absorption des Canadiens, l'Angleterre se crut autorisée immédiatement après la conquête à agir avec vigueur ; mais, comme on l'a dit, la révolution américaine la fit revenir sur ses pas. Les anciennes colonies ayant rejeté sa domination, elle dut attendre que la population anglaise et protestante eût la majorité parmi celles qui lui restaient dans l'Amérique du Nord.

On a vu qu'elle a été sa conduite a notre égard depuis 1775 jusqu'en 1840 : elle s'est obstinée à refuser les réformes les plus salutaires tant que le Bas-Canada français a eu un gouvernement séparé et une Chambre élective où commandait une majorité canadienne-française. Après la consommation de l'union des deux provinces, elle accordera, non seulement tout ce que les hommes de notre race avaient en vain demandé depuis un demi-siècle, mais beaucoup plus, assurée qu'ils seront désormais dans le gouvernement et la législature en plus faible minorité encore que dans la population. Que s'ils voulaient faire de l'opposition au nouvel ordre de choses et au système d'anglicisation, on pourrait agir sans eux ; et s'ils adoptaient le nouveau régime, ils n'en pourraient être toujours que les instruments, comme les représentants de l'Écosse et de l'Irlande avaient été et étaient encore les instruments du Parlement impérial.

Quoique la plupart des habitants de langue anglaise fussent natifs ou originaires d'Écosse ou d'Irlande, l'Angleterre ne craignait point de leur confier le nouveau pouvoir, sachant aussi que l'intérêt étoufferait leur vieille haine contre un pareil régime et leur ferait oublier les souvenirs de leur ancienne patrie pour ne songer qu'au présent.

Cependant, [quoi qu'on puisse oser ou entreprendre contre elle], la race canadienne-française reste toujours fortement attachée à sa nationalité, et l'avenir peut tromper les calculs de nos adversaires. En effet, l'âme de la France ne cesse point de répandre sa chaleur et sa vie sur les peuples de sa langue et de sa race qui habitent les îles de la Manche, la Suisse, la Belgique, bien qu'ils ne reconnaissent pas sa suprématie politique. Cette influence n'a point cessé non plus de s'étendre sur les descendants de ses fils établis sur les bords du Saint-Laurent. Fixés à l'extrémité septentrionale du continent américain, quel mal peuvent-ils faire à la domination britannique, ou à la puissance de la république des États-Unis ? Le plus haut degré de civilisation a été atteint jusqu'à présent par les peuples de l'Europe. On doit croire que cela est dû, en partie du moins, à la rivalité qui les anime, à la concurrence qui les excite sans cesse à faire des efforts pour se dépasser dans la grande carrière de l'esprit et dans la carrière non moins noble des vertus militaires. L'histoire nous apprend que l'asservissement de l'ancien monde au joug de Rome, a marqué l'époque de sa décadence, et que les créations humaines ne peuvent dépasser certaines limites sans cesser de tendre à leur perfection.

Devant cet avenir, les Canadiens français doivent toujours défendre et conserver leurs lois et leur nationalité. Ils travailleront ainsi à leur propre bonheur et à leur gloire, tout en contribuant à l'adoption en Amérique d'un système qui a porté l'Europe à la tête de la civilisation.

À l'époque où l'Angleterre décrétait l'union des deux Canadas, la population, le commerce, l'agriculture, l'industrie y avaient fait de réels progrès. La population du Bas-Canada, que nous avons estimée à cent soixante mille âmes à peu près lors de l'introduction de la constitution de 1791, s'était quadruplée depuis. C'est en 1844, que s'est opéré le recensement le plus rapproché de l'union ; la population du Bas-Canada était alors de six cent quatre-vingt-dix-sept mille habitants, dont cinq cent vingt-quatre mille deux cents Canadiens français, cent soixante-douze mille huit cents Anglais et étrangers et cinq cent soixante-douze mille cinq cents catholiques.

Nous terminons notre récit à l'union des deux provinces du Canada, qui sera une des périodes les plus considérables de nos annales. Si, au cours de cet ouvrage, il nous est arrivé de blesser les susceptibilités des races, des partis, des hommes qui habitent notre patrie, qu'on nous permette de dire comme Thiers, au terme de son *Histoire de la Révolution française :* « Nous avons écrit sans haine, plaignant l'erreur, révérant la vertu, admirant la grandeur, tâchant de saisir les profonds desseins de la Providence dans le sort qu'elle nous réserve, et les respectant dès que nous croyions les avoir saisis. »

Bibliographie

Aux sources et aux ouvrages cités dans les bibliographies précédentes, joindre : *Lord Durham's Report on the Affairs of British North America,* edited by sir C. P. Lucas, Oxford, 1912, 3 vols. – C. W. Neiv, *Lord Durham,* Oxford, 1929. – W. Smith, « Lord Durham's administration », *Canadian Historical review,* Toronto, 1927. – S. J. Reid, *Life and letters of the first Earl of Durham,* London, 1906, 2 vols. – R. Garnet, « The authorship of Lord Durham's Canada report », *English Historical Review,* London, 1902. – S. Low and L. C. Sanders, *Political History of England,* edited by W. Hunt and R. L. Poole, Oxford, vol. XII, 1907.

Conclusion

Nous avons donné l'histoire des émigrants français qui ont fixé les destinées de leur postérité à l'extrémité septentrionale de l'Amérique du Nord. Détachés comme quelques feuilles d'un arbre, ces émigrants ont été jetés dans un monde nouveau pour y être battus de mille orages, orages excités par l'avidité du négoce et la barbarie, orages du déclin d'une antique monarchie et de la conquête étrangère. Pour cette dernière défaite, ils ne doivent pas en vouloir trop à leur mère patrie, car la perte de l'héroïque colonie du Canada fut une des causes de la Révolution. Et l'on sait quelle vengeance cette nation si fière a exercée sur ceux qui avaient dirigé ses affaires, de près ou de loin dans le gouvernement.

Malgré toutes les tempêtes essuyées par le Canada, quelques milliers à peine de colons français s'étaient accrus jusqu'au nombre fort peu important en Europe de soixante-dix mille, au moment de la conquête.

[Les Canadiens français, sans parler ici de leurs frères acadiens, sont devenus aujourd'hui un peuple de plus de trois millions et demi d'âmes.] Ce peuple a grandi de lui-même, sans secours étranger, dans sa foi religieuse et dans sa nationalité. Pendant cent cinquante ans, il a lutté contre les colonies anglaises, trente ou quarante fois plus populeuses, et son histoire nous apprend comment il s'acquittait de son devoir sur les champs de bataille.

Quoique peu riche et peu favorisé pendant longtemps, il a montré qu'il retient beaucoup de la noble nation dont il tire son origine. Depuis la conquête, sans se laisser distraire par les théories des philosophes ou les déclamations des rhéteurs sur les droits de l'homme, il a fondé toute sa politique sur sa propre conservation. Il était trop peu nombreux pour prétendre ouvrir une voie nouvelle aux sociétés, ou se mettre à la tête d'un mouvement quelconque à travers le monde. Il s'est resserré en lui-même, il a rallié tous ses enfants autour de lui, et il a toujours craint de perdre un usage, une pensée, un préjugé de ses pères, en dépit des sarcasmes de ceux qui l'entourent. C'est ainsi qu'il a gardé jusqu'à ce jour sa religion, sa langue, ses lois, – et un pied-à-terre à l'Angleterre dans l'Amérique du Nord en 1775 et en 1812. Ce dernier résultat, alors funeste apparemment à la république des États-Unis, n'a pas eu pour elle les mauvaises suites qu'elle en appréhendait. Le drapeau royal anglais flottant sur la citadelle de Québec a obligé la jeune république de se conduire avec prudence, de ne marcher en avant que pas à pas. Au reste, ce n'est pas par le grand nombre de ceux qui le composent que l'on juge du génie d'un peuple, mais par ses qualités. Les Grecs et les Romains n'ont atteint qu'un chiffre de population relativement peu élevé, et les Hindous et les Chinois se comptent aujourd'hui par centaines de millions.

Les Canadiens français forment un peuple de cultivateurs, dans un climat rude et sévère. Ils n'ont pas, en cette qualité, les manières élégantes et fastueuses des populations méridionales ; mais ils ont de la gravité, du caractère et de la persévérance. Ils en ont donné des preuves depuis qu'ils sont en Amérique, et nous sommes convaincus que ceux qui liront leur histoire de bonne foi, reconnaîtront qu'ils se sont montrés dignes des deux grandes nations aux destinées desquelles leur sort s'est trouvé ou se trouve encore lié.

Ils n'auraient pu être autrement sans démentir leur origine. Normands, Bretons, Tourangeaux, Poitevins, ils descendent de cette forte race qui marchait à la suite de Guillaume le Conquérant, et dont l'esprit, enraciné ensuite en Angleterre a fait des habitants de cette petite île une des premières puissances du monde ; ils viennent de cette France qui se tient à la tête de la civilisation européenne depuis la chute de l'Empire romain, et qui, dans la bonne comme dans la mauvaise fortune, se fait toujours respecter ; de cette France qui ose appeler toutes les nations coalisées à des combats de géants ; ils viennent surtout de cette Vendée normande, bretonne, angevine, dont le monde admire le dévouement sans bornes pour les objets de ses sympathies, et dont l'admirable courage a couvert de gloire le drapeau qu'elle leva au milieu de la Révolution française.

Que les Canadiens soient fidèles à eux-mêmes ; qu'ils soient sages et persévérants, qu'ils ne se laissent point séduire par le brillant des nouveautés sociales et politiques ! Ils ne sont pas assez forts pour se donner carrière sur ce point. C'est aux grands peuples à faire l'épreuve des nouvelles théories : ils peuvent se donner toute liberté dans leurs orbites spacieuses. Pour nous, une partie de notre force vient de nos traditions ; ne nous en éloignons ou ne les changeons que graduellement. Nous trouverons dans l'histoire de notre métropole elle-même de bons exemples à suivre. Si l'Angleterre est grande aujourd'hui, elle a eu de terribles tempêtes à subir, la conquête étrangère à maîtriser, des guerres religieuses à éteindre et bien d'autres traverses. Sans vouloir prétendre à si haute destinée, notre sagesse et notre ferme union adouciront beaucoup nos difficultés, et, en excitant leur intérêt, rendront notre cause plus sainte aux yeux des nations.

FIN

Québec 1859.

Table des matières

Livre seizième *(suite)*

II – Les troubles de 1837.

III – L'union des deux Canadas.

Conclusion.

fin

www.ingramcontent.com/pod-product-compliance
Lightning Source LLC
Chambersburg PA
CBHW071354280526
45787CB00001B/324